国家自然科学基金青年科学基金项目（41301651）
江苏高校优势学科建设工程　联合资助

安徽省典型城市不同功能用地集约利用评价及空间分异研究

孙燕 著

南京大学出版社

前　言

城市土地集约利用是人类土地利用行为在强度和方式上最为显著的反映。随着工业化和城市化进程的加快，我国逐渐步入了以资源环境约束加大为主要特征的矛盾突显期。在目前耕地锐减、建设用地盲目扩张、土地资源低效利用、工业项目低水平重复建设、经济粗放增长的发展背景下，探讨土地集约利用特别是城市土地集约利用是缓解工业化、城市化加速发展时期土地资源供需矛盾的必然选择，是实现宏观调控、促进经济结构调整和增长方式转变的重要手段。

安徽省各城市正面临着快速城市化、承接产业转移和产业升级的挑战，建设用地供需矛盾突出，亟须城市土地集约利用政策的供给和制度安排。同时，安徽省下辖的城市因城市职能和发展定位不同，对土地集约利用的要求也不尽相同。就城市内部结构而言，城市的居住功能区、商业功能区、工业功能区和教育功能区等不同功能区也因为功能定位不同，对土地集约利用的要求有明显差异。

本书试图通过选定典型城市作为研究区，剖析城市土地集约化过程、结果，并洞悉导致这些过程及结果的原因，从而辅助决策者制定不同类型城市和城市内不同功能用地的土地集约利用标准和差异化的土地集约利用政策，增强土地参与宏观调控的能力。

本书选择资源型城市淮北市、工业型城市芜湖市和生态旅游型城市黄山市3个不同职能和定位的城市作为典型城市，以这3个典型城市的城市建设用地作为研究区域，将城市建设用地按照功能划分为居住功能区、商业功能区、工业功能区和教育功能区，进行基于功能用地的城市土地集约利用评价，探索基于用地功能区的土地集约利用驱动机制；采用实码加速遗传算法、层次分析法以及CA模型揭示土地集约利用的动态变化过程并进行情景模拟，完成不同功能区的土地集约利用空间分析。

　　本书的顺利完成得到了众多良师益友的大力支持。借此机会特别感谢河海大学赵小风副教授、南京工业大学张云鹏副教授在本书写作过程中给予的莫大帮助，衷心感谢南京师范大学林振山教授、南京大学周寅康教授、南京大学金晓斌副教授以及南京财经大学公共管理学院同仁的指导和帮助。

　　本书的出版是在国家自然科学基金青年科学基金项目"安徽省典型城市不同功能用地集约利用评价及空间分异研究"（项目编号：41301651）的资助下完成的，特此致谢！本书在写作中查阅、参考了大量国内外相关文献资料，并在参考文献中一一列出了相关引用，如有遗漏之处，在此一并致谢。

孙　燕

2015 年于南京财经大学

目 录

1 绪论 ·· 1
  1.1 研究背景 ·· 1
  1.2 研究目的与意义 ·· 3
  1.3 国内外研究进展 ·· 4
    1.3.1 城市土地集约利用评价 ·· 4
    1.3.2 城市土地集约利用驱动机制 ·· 6
    1.3.3 城市土地集约利用效应 ·· 7
    1.3.4 城市土地集约利用途径 ·· 8
    1.3.5 已有研究的不足及本研究的创新 ·· 10
  1.4 研究内容与方法 ·· 11
    1.4.1 研究内容 ·· 11
    1.4.2 研究方法 ·· 12
    1.4.3 技术路线 ·· 12

2 研究区域概况及数据来源 ·· 14
  2.1 研究区的选择 ·· 14
    2.1.1 典型工业型城市的选择 ·· 14
    2.1.2 典型资源型城市的选择 ·· 15
    2.1.3 典型旅游型城市的选择 ·· 16
  2.2 研究区域概况 ·· 18
    2.2.1 自然条件 ·· 18
    2.2.2 社会经济概况 ·· 19
    2.2.3 土地利用概况 ·· 20

  2.3 数据来源与处理 ································· 24
    2.3.1 空间信息数据 ····························· 24
    2.3.2 社会经济数据 ····························· 27
3 城市不同功能用地集约利用评价 ························· 28
  3.1 功能区划分 ····································· 28
    3.1.1 工业功能区划分 ··························· 28
    3.1.2 商业功能区划分 ··························· 33
    3.1.3 居住功能区划分 ··························· 35
    3.1.4 教育功能区划分 ··························· 40
  3.2 评价指标体系构建 ······························· 43
    3.2.1 工业功能区评价指标体系 ··················· 43
    3.2.2 商业功能区评价指标体系 ··················· 44
    3.2.3 居住功能区评价指标体系 ··················· 45
    3.2.4 教育功能区评价指标体系 ··················· 46
  3.3 评价方法 ······································· 49
    3.3.1 RAGA‐AHP ······························· 50
    3.3.2 指标标准化 ······························· 53
  3.4 评价结果及分析 ································· 54
    3.4.1 工业功能区 ······························· 54
    3.4.2 商业功能区 ······························· 59
    3.4.3 居住功能区 ······························· 62
    3.4.4 教育功能区 ······························· 66
4 不同功能用地集约利用的驱动力分析 ····················· 70
  4.1 不同功能用地集约利用的内在影响因素 ············· 70
    4.1.1 资本投入 ································· 70
    4.1.2 人口因素 ································· 76
    4.1.3 技术条件 ································· 82

目录

- 4.2 不同功能用地集约利用的外在影响因素 ……………………… 85
  - 4.2.1 土地价格 ……………………………………………………… 85
  - 4.2.2 政策制度 ……………………………………………………… 88

5 城市土地集约利用的空间分异及动态模拟 …………………… 93
- 5.1 CA-Markov 模型设计 ……………………………………………… 93
  - 5.1.1 概念模型设计 ………………………………………………… 93
  - 5.1.2 基于 Markov 总量预测的 CA 时间控制 …………………… 94
  - 5.1.3 基于 Logistic 回归的 CA 元胞适应度计算（全局性约束） ………………………………………………………………… 95
  - 5.1.4 基于生命机制的 CA 元胞邻域空间影响计算（局部性约束） ………………………………………………………………… 96
  - 5.1.5 综合转换概率的确定 ………………………………………… 98
- 5.2 不同功能用地集约利用情景模拟 …………………………………… 99
  - 5.2.1 元胞自动机的构成 …………………………………………… 99
  - 5.2.2 土地利用转移矩阵设置 ……………………………………… 100
  - 5.2.3 芜湖市功能区土地利用模拟 ………………………………… 101
  - 5.2.4 淮北市功能区土地利用模拟 ………………………………… 106
  - 5.2.5 黄山市功能区土地利用模拟 ………………………………… 110

6 城市及功能区的土地集约利用调控对策 ……………………… 115
- 6.1 城市土地集约利用的基本策略 …………………………………… 115
  - 6.1.1 规划管理控制总量 …………………………………………… 115
  - 6.1.2 差别配置优化增量 …………………………………………… 116
  - 6.1.3 综合整治盘活存量 …………………………………………… 117
  - 6.1.4 市场机制增效流量 …………………………………………… 117
  - 6.1.5 依法行政提升质量 …………………………………………… 118

6.2 城市土地集约利用对策 ·········· 118
6.2.1 基于国土资源综合承载力的建设用地总量控制 ········ 118
6.2.2 实施多层次的节约集约评价 ·········· 119
6.2.3 完善集约用地标准,科学制定集约用地规划 ········ 121
6.2.4 强化节约集约用地动态监管 ·········· 122
6.2.5 积极总结和探索节地技术和模式 ·········· 123
6.3 不同类型城市的集约利用对策 ·········· 124
6.3.1 工业型城市的土地集约利用 ·········· 124
6.3.2 资源型城市的土地集约利用 ·········· 133
6.3.3 旅游型城市的土地集约利用 ·········· 136

7 结论 ·········· 139

参考文献 ·········· 141

附录A 专家打分表 ·········· 150

附录B 全部企业数据表 ·········· 152

附录C 集约利用评价部分过程 ·········· 163

1 绪 论

1.1 研究背景

党中央国务院高度重视节约集约用地,将资源节约确定为基本国策和优先战略。十八届三中全会决定强调健全能源、水、土地节约集约使用制度。中央城镇化工作会议上,习近平总书记对城镇建设节约集约利用土地问题做了重要阐述,明确提出,要按照严守底线、调整结构、深化改革的思路,严控增量,盘活存量,优化结构,提升效率。中央农村工作会议上,李克强总理要求在城乡建设上要节约集约用地,尽量少占或不占良田。2014年全国国土资源工作会议上,姜大明部长提出节约集约利用国土资源是我们保障科学发展的核心任务,必须坚持最严格的节约用地制度,节约集约用好土地,确保新型城镇化和新农村建设健康发展。为从更大范围、更宽领域和更深层次推进节约集约用地,以土地利用方式转变促进经济发展方式转变,保证新型城镇化和新农村建设健康发展。事实上,国家一直重视和加强土地节约集约利用的制度建设,通过出台《关于深化改革严格土地管理的决定》(国发〔2004〕28号)、《关于加强土地调控有关问题的通知》(国发〔2006〕31号)、《关于促进节约集约用地的通知》(国发〔2008〕3号)、《建设用地节约集约利用评价规程》(TDT—1008—2008)、《开发区土地集约利用评价规程(2010)》、《关于印发开展城镇低效用地再开发试点指导意见的通知》(国发〔2013〕3号)等一系列政策、规章及规范,从而明确了土地节约集约利用的范畴、原则、目标、措施、标准、评价、监管、责任等事项,初步构建了我国土地节约集约利用体系。最近出台的《节约集约利用土地规定》(国发〔2014〕61号)确定了要通过规模引导、布局优化、标准控制、市场配置、盘活利用等手段,达到节约土地、减量用地、提升用地强度、促进低效废弃地再利用、优化土地利用结构和布局、提高土地利用效率的目标和要求。当前,"节约集约""保护资源"和"维护权益"成为我国国土资源管理工作的基本原则,也是基于现势国情阶段我国国土利用新格局的新思维、新论断和新方向。

在经济、效益、政绩等利益驱动下,我国土地利用方式重扩张轻挖潜、重规模轻效率等问题仍未得到有效解决。我国单位国内生产总值地耗不仅高于发达国家而且高于一些新兴经济体国家,一些地方城镇建设用地规模扩张过快,城镇建成区人口密度大幅下降。就城镇用地而言,从1990年至2002年我国41个特大城市主城区用地规模平均增长超过50%,城市用地增长弹性系数(城市用地增长速度/人口增长速度)达到2.28(美国在1970年至1990年的20年间,曾坚持自由放任的城市化模式,城市用地增长弹性系数也只有1.66),远远超过了国际公认的1.12的合理界限。我们当前的单位建设用地产出水平普遍偏低,不到英国的11%,仅为韩国的18%。[1]目前我国城镇低效用地占到40%以上,农村空闲住宅达到10%~15%。处于低效利用状态的城镇工矿建设用地约5000 km^2,占全国城市建成区的11%。有研究表明,如果城市土地用地布局和结构合理,可节省城市用地10%~20%,降低工业部门用地成本10%~20%,在不增加建设用地的情况下增加工业生产总量和利润10%~20%。[2]而对于城镇内的工业用地而言,土地闲置和低效利用的情况更为突出,全国省级以上开发区实际开发面积仅仅占规划面积的13.51%;在54个国家级经济技术开发区,平均容积率仅有0.24,开发区闲置土地比例高达43%。[3,4]

在快速工业化和城镇化的背景下,安徽省也面临着保护耕地、保障发展和保育生态的严峻形势,尤其面临着自身产业升级转型和正在承接长三角等地产业转移的挑战,建设用地供需矛盾更为突出。安徽省国民经济和社会发展十二五规划纲要指出,要促进资源节约利用,严格土地供应政策和土地使用标准,鼓励建设多层标准厂房,提高单位土地投资强度,积极推进城市土地"二次开发",提高城市土地集约化水平。《关于进一步推进节约集约用地的若干意见》(皖政〔2011〕64号)还规定工业项目建筑容积率一般不低于1.0,建筑密度一般不低于40%,绿地率一般不高于15%,行政办公和生活服务设施用地面积不超过总用地面积的7%,同时要求建立节约集约用地工作动态情况监控数据库,健全土地批而未供、闲置土地和低效用地信息通报制度,建立土地节约集约利用状况动态报告制度。虽然安徽省积极实施了城市土地集约利用的制度建设,但是对于不同类型城市以及城市内不同功能区而言,土地利用的现状、特点和问题都存在差异,对土地集约利用的要求也应有所区别。因此,本研究选择安徽省工业型城市芜湖、资源型城市淮北和旅游型城市黄山,探讨不同类型城市以及城市内部工业功能区、居住功能区、商业功能区和教育功能区的土地利用特点和问题,提出差别化的土地集约利用政策建议。

1.2 研究目的与意义

城市土地集约利用近年来受到广泛关注,但相关研究主要集中于城市整体以及城市内的工业用地集约利用方面,研究方法多采用层次分析法、主成分分析法、多元回归等常用的数学方法。本研究从内容上,探讨了工业型城市、资源型城市、旅游型城市的土地集约利用,还从城市内部功能区上探讨了工业功能区、商业功能区、居住功能区、教育功能区的土地集约利用;从方法上,采用RAGA-AHP方法实施不同功能区的土地集约利用评价,采用CA模型模拟土地集约利用情景。这不仅丰富了城市土地集约利用的内容体系和评价方法,提出的差别化土地集约利用政策建设,也是对土地政策的拓展和深化。

在目前建设用地盲目扩张、工业项目低水平重复建设、土地利用闲置低效的背景下,探讨城市土地集约利用是缓解工业化、城市化加速发展时期土地资源供需矛盾的必然选择,是促进经济结构调整和增长方式转变的重要手段。通过土地集约利用可以提高存量土地的利用效率和效益,促进生产力布局优化和产业结构调整,尤其是对安徽省承接产业转移和皖江城市带建设具有重要的参考价值。此外,探讨不同类型城市不同功能区的土地集约利用,提出差别化土地集约利用政策,能为安徽省差别化土地供给政策提供依据与借鉴,同时对于细化安徽省城市土地集约利用政策以及提高政策的操作性具有重要意义。

1.3 国内外研究进展

从集约利用的研究对象来看,国内外在这方面的研究可归纳为农业土地集约利用研究和城市土地集约利用研究。已有学者详细归纳总结了国内外农业土地集约利用的研究进展,特别是基于农户层次的土地集约利用。[5]城市土地集约利用方面的研究近年来非常活跃,取得了丰富的成果,也有学者总结了国内外的研究进展。[6—9]从现有文献研究来看,城市土地集约利用研究的内容主要体现在四个方面:城市土地集约利用评价、城市土地集约利用驱动力与驱动机制、城市土地集约利用效应、城市土地集约利用途径。

1.3.1 城市土地集约利用评价

城市土地集约利用评价研究主要体现在以下四点:

(1) 构建城市土地集约利用评价指标体系

现有研究大多通过对城市土地集约利用内涵的理解来选择评价指标,主要体现在四个方面[10—23]:一是土地利用结构指标,包括各类用地比重、土地开发建设进度等,如绿化率、行政办公及生活服务设施用地所占比例、生产性用地比例、基础设施用地比例、商业服务业用地比例、土地开发率、土地建成率、土地批租率,也可采用各类用地的建筑面积所占比重来衡量[24];二是土地利用程度指标,包括资本投入、劳动投入和技术投入等,如容积率、建筑系数、地均投资总额、地均R&D投资、企业平均投资强度、人口密度、居住密度、紧凑指数[25]、地均技术人员数、企业用地率、土地闲置率、土地供应率;三是土地利用效益指标,包括经济效益和社会效益,如地均生产总值、地均上缴利税、地均财政收入、地均销售额、地均工业产值、地均吸纳就业人数;四是土地利用持续状况指标,包括生态环境改善、环境污染排放、资源消耗等,如单位面积工业废水量、工业三废排放达标率、单位用地环保设施投入、工业地价增长弹性系数、GDP增长资源消耗系数、固定资产投资增长资源消耗系数[26]、用地保障率。

然而,并不是所有的集约利用评价指标都遵循以上体系,影响指标选择的因素很多。不同空间尺度如城市总体评价、区域尺度评价和宗地尺度评价的指标有所差异[27];城市内部不同功能区如工业区、居住区、商服区的评价指标又有所不同[28-30];不同类型的研究对象如对科技园的集约利用评价比对开发区和城市的评价要增加知识创新能力等方面的考虑[31],针对特定对象如对森工城市[32]和有色金属城市[33]土地集约利用评价要增加体现城市特点的信息;为了特定目的如探讨经济增长方式转变对集约利用的影响,增加了经济协调发展、资源集约利用、社会和谐发展、生态环境友好等方面的指标[34,35],还有如要加强城市管理,就要增加城市属性的相关指标[36];评价方法也会影响指标的选择,如基于PSR模型的压力指标、状态指标和响应指标的构建[37]。

(2) 土地集约利用水平的区域空间分异

区域土地集约利用空间分异在宏观尺度和中观尺度上研究较多。1996—2002年中国大多数地区城市土地利用集约度得到提高,但东、中、西部地区城市土地利用集约程度存在明显的递减趋势。[38]中国东部地区的国家级经济技术开发区集约利用水平也明显高于中部和西部地区。[39]长三角地区城市土地利用集约程度空间梯度差异特征明显,并且影响指标的选择对空间分析的影响较大。[40]湖北省沿长江城市的土地集约利用程度较高,而鄂西北、鄂东南城市的土地集约利用程度偏低。[41]江苏省城市土地集约利用在空间上存在明显的差异,苏南地区最为集约,苏中次之,苏北集约利用度最低。[42]由于区位优势和产业结构的差异,浙江省东北部地区城市土地利用效益较高,南部次之,西部最低。[43,44]也有针对异质区域的比较,如香港综合开发区(CDA)的内部集约利用程度明显高于开发区外部,并且环境困扰小,经济产出高,不动产价格波动小,且交易价格高。[45]

(3) 不同行业用地集约利用水平比较

分行业的用地集约利用评价对于制定不同行业进入门槛,提高行业的用地效率以及提高行业的竞争力具有重要意义。因此,有学者对行业用地的集约利用进行尝试性研究。如江苏省工业行业可分为高度集约、较高集约和较低集约三级。[46]其中,高度集约用地行业为交通运输设备制造业、纺织服装鞋帽制造业、通信设备及其电子设备制造业;较高集约用地行业为金属制品业、电器机械及器材制造业、通用设备制造业、塑料制品业、化学原料及化学制品制造业和纺织业;较低集约用地行业为医药制造业、专用设备制造业和非金属矿物制品业。江苏省工业行业集约利用水平存在明显的区域差异,苏南的工业行业各项集约利用指标均高于苏北地区。相比上海,江苏省多数行业的地均销售额和投资强度远低于上海,特别是电子、机械、医药等行业差距显著。[47]而其他城市则表现出不同的特点,如宁波市金属制品业、专用设备制造业、纺织服装鞋帽制造业以及纺织业的集约利用水平较高,化学原料及化学制品制造业和化学纤维制造业的集约利用水平较低。[15]还有学者进行了更为细致的研究,如对江阴市电力行业用地集约水平的测算。[48]

(4) 土地集约利用潜力测算

作为城市土地集约利用评价的后续研究,城市土地集约利用潜力测算引起了研究人员的重视,并为城市土地供应提供依据。但这方面的研究较少,仅有的研究是对江苏省开发区集约利用潜力进行的分析,2010 年和 2020 年的理论潜力分别为 261 km² 和 1069 km²,如果能在劳动生产率和工业用地容积率等方面有所作为的话,其现实潜力分别将达到 210 km² 和 869 km²。[49]不论是现实潜力还是理论潜力的计算,都是求取某个合理预测值和现状值的差额。那么,如何确定合理预测值是潜力测算的关键。并且,城市土地集约度应该有个阈值,同时集约也是个动态过程,因此,如何使测算的潜力具有实际的操作意义还需要进一步的分析。

1.3.2 城市土地集约利用驱动机制

由于土地集约利用特征和变化过程与空间尺度和时间尺度紧密关联,因此在不同的空间尺度和时间尺度上土地集约利用驱动因素和因子会有所不同。宏观尺度上,土地市场发育程度是影响我国城市土地集约利用程度的关键性和根本性原因[50],并且土地市场发育的不同阶段,驱动因素也表现出不同特征[51];人口变化是城市土地集约利用水平产生差异的最独特、最具活力的驱动力,政策、经济和技术因素是重要的外部驱动力[38];经济发展水平和区位条件对所有空间尺度都具有重要影响,如对长三角城市[40]、江苏省地级市[42,52]、开发区[53]、科技园区[31,54]以及乡镇层次[34,55]的研究就是很好的验证。而经济发展程度、人口密度的影响力在常州、南通和盐城电气机械及器材制造业用地的集约利用研究中也得到了证实。[56]当土地所有权为私有时,区位条件对城市土地的集约程度和工业地价的影响更为明显。[57]开发区作为独特的空间单元,其土地集约利用驱动力于城市和区域有所差异,产业政策、用地结构、产业结构是其主要影响因素。[58,59]如有研究表明因国家和各级政府对不同级别开发区的政策优惠和倾斜不同,政策因素对开发区土地集约利用的影响起基础性作用;以高科技产业、电子产业为主导产业的开发区土地集约利用程度较高,而以纺织化纤、资源开采、仓储物流、休闲娱乐为主导产业的开发区土地集约利用程度较低。[17]有研究认为规划控制、区位不理想、经济实力欠佳、开发效益较低、技术支撑力度不够是开发区土地闲置的重要因素[53],这也能从侧面揭示开发区集约利用的驱动因素。而对于园区层次的研究表明,园区功能定位、区位布局、用地管理机制是土地集约利用的主要影响因素。[31]有研究从评价指标体系的视角来分析土地集约利用驱动力,把影响因子归纳为自然导向型、投入导向型、产出导向型和城市容貌导向型四个不同类型。[60]还有研究根据作用主体的不同,把城市土地集约利用的驱动力分为市场力、政策力、社会力和技术力等,并相应地把驱动机制划分为聚集效应机制、要素替代机制、市场驱动机制、政策导向与激励机制以及技术创新机制等,并把聚集效应机制和要素替代机制归结为内在动力机制,把市场驱动机制、政策导向与激励机制以及技术创新机制归结为外在动力机制。[61]

1.3.3 城市土地集约利用效应

城市土地集约利用效应是指城市土地集约利用过程所带来的与之相联系的诸如土地利用结构、产业结构、产业集聚、土地价格、土地利用效率、城市交通、经济产出、资源利用、就业、生态环境等的变化。相比国内关注集约过程本身而言,国外更多关注集约效应。如对用地结构的影响,有学者认为香港的居住面积比例控制在30%~65%较为合适[62];还有研究认为要充分利用地下空间以缓解地上空间的压力,同时综合配置地上和地下空间,以实现可持续利用[63]。对地价的影响,如我国台湾地区工业集聚与工业地价有很强的正相关性[64];对德国汉堡 116 个自治市的研究也表明城市紧凑发展在提高区域经济吸引力的同时,也带来了高地价和商品价格增长[65]。对土地利用效率的影响,如对北京顺义的调查研究显示土地利用效率存在显著的区域差异,电器机械和装备制造业的土地利用效率明显高于其他行业[66]。对经济结构的影响,如新加坡的多样化集约利用,通过劳动力转移影响工业土地利用强度,引发工业土地价格的变化,导致工业格局及工业土地利用变化,最终达到工业重组的目的;而以土地高度集约利用为特征的上海,由于城市土地供给不足带来的成本结构变化对工业变革和重组以及城市经济结构调整也产生了重要影响[67];也有研究对长三角城市土地集约利用与经济社会发展协调程度进行分析,表明其存在很明显的空间差异[68]。对城市交通的影响,如荷兰规划者和决策者认为要把城市土地集约、多样化利用与交通基础设施规划进行综合考虑[69];香港实施多样化集约,通过混合居住用地、商业用地、休闲用地、公共设施用地、交通用地等土地类型,并提高其建筑密度达到集约利用,同时要配以高效的公共交通系统和人行网络为支持[62]。对环境的影响主要集中在紧凑城市利弊的争论上,如高容积率、高密度带来的便利公共交通、高效的经济产出是以牺牲城市绿地、开敞空间[70,71]以及大量消耗经济和生态环境[72]为代价,如荷兰和英国城市发展所面临的困境[73],同时还伴随着诸如城市犯罪率上升、过量的能源需求等城市环境的越轨行为[74]。

1.3.4 城市土地集约利用途径

城市土地集约利用可通过规划调节、市场机制、政府调控、公众参与等 4 种途径贯彻落实。

(1) 规划调节。大多数发达国家倡导采用更好的规划手段,促进城市土地集约利用,从而避免潜在的不协调。[75]土地利用总体规划通过土地利用分区、土地用途管制等方式优化土地利用结构,强化产业、基础设施建设的空间控制以达到土地集约利用的目的。新加坡 2001 年的概念规划就明显体现了对土地利用结构的限制,规定其基础设施用地占 21%、生活空间占 19%、工作空间占 19%、娱乐休闲空间占23%、其他用途土地占18%。[76]但也有提倡混合利用而不是分区管制的,因为混合利用在实现资源优化配置的同时,还能减少家庭生态足迹。[77]城市规划常通过对容积率、建筑密度上的调整来促进城市土地集约利用。如对中关村科技园区土地利用结构进行分析后,认为工业生产用地不宜超过35%,教育研发用地30%比较适宜,商业与居住用地不宜超过15%,公建、交通、绿化用地比例在20%比较适宜。考虑到高科技园区的特点,推荐容积率指标以1.2~1.8比较适宜,中心地段可以考虑适当提高容积率,一般以3~4为宜。[54]还可根据不同高科技产业特点制定一系列企业的入园开发规模标准,提出"企业用地经济指标"和"企业有效用地指标"以及经济总量、经济增长、经济联系、经济效益等指标规定入园企业的指标限制。[78]集约利用不能片面追求高容积率,最高容积率的限制与最低容积率的限制对城市土地可持续利用同样重要。[79,80]在旧城改造中,也可通过土地开发整理、土地置换等途径提高土地利用效率。[81,82]

(2) 市场机制。城市土地集约利用的实质就是土地资源的有效配置,而市场是资源配置的基本方式。因此,众多学者围绕市场机制来探讨如何实现土地资源的优化配置,从而达到土地集约利用目标。如新加坡通过提高土地价格,增加土地获取成本来促进集约利用[83];如通过明晰产权,优化土地资源配置;在土地市场发育的不同阶段采取不同的措施来影响土地价格、供求关系、竞争程度以提高土地利用的集约度[51];建立并完善工业用地出让最低价标准统一公布制度,有效遏制招商引资中竞相压低地价的恶性竞争行为。这些研究成果也已体现在国家的一系列土地宏观调控政策中。税收政策的调整也是实现土地集约利用的一种非常有效的手段。如美国的地方政府经常采用开发影响税、改良税以及不动产转移税的征收抑制局部地区的土地开发活动,从而促进土地的集约利用。[84]改革土地税制,增大土地保有成本,促进闲置土地流转[85];通过提高城镇土地使用税税率,按照用地类型对工业、商业、居住用地及其他用地采用差别税率。

(3) 政府调控。虽然有关紧凑城市发展理念上还存在着争论[86],但不论是国外还是国内,政府调控都是促进集约利用的重要手段之一。如英格兰通过制定环境战略、可持续发展战略、住房安置政策、交通发展政策来实现紧凑城市的发展目标,促进土地集约利用。[87]香港把邻近空间、紧凑发展、垂直发展、空中城市以及混合集约利用作为土地多样化集约的 5 个基本理念,并通过居住密度和发展强度、休闲设施用地规模、交通模式、城市形态设计、地方所有权市场和环境质量 5 个变量进行衡量,从而促进香港土地多样化集约利用。[88]也有研究表明中国人口众多及经济发展迅速的情况下,采取紧凑城市发展策略促进城市土地集约利用不仅是可行的也是必需的。[72]政府对土地集约利用的调控主要体现在土地利用政策上。如中国新一轮土地利用总体规划修编对建设用地及城镇工矿用地指标的约束性控制;建立和完善土地用途管制制度;建立完备的土地储备和土地供应计划制度,严格控制建设用地供应[89—91];建立土地集约利用的动态监察预警机制,以提高土地利用效率;建立用地信用评价机制、工业用地退出机制;提高技术进步与效率提升对经济增长的贡献率,转变经济增长方式[92];通过产业选择引发生产要素在空间区位方向与位序关系、集中程度的重新配置,引致土地用途、功能的调整[59];加快产业结构调整,提高第三产业在国民经济中的地位和比重。国外也有一些促进土地集约利用的办法,如美国采用分区管制,通过确定土地使用密度和容积率实现对土地用途的管制达到土地集约利用、提高土地的使用效率的目的。管制对象集中在建筑物及其布局,同时还包括建筑物及其他构筑物的高度、层数、规模、建筑线,最小空地率、建筑密度、最小容积率等[92]。

(4)公众参与。由于土地所有制、土地相关法规的完善程度以及公民民主权利的差异,国外公众参与的研究与实践比我国要丰富。我国公众参与土地集约利用方面的研究仅仅是探索性的。有研究借鉴其他工作如土地利用规划中的公众参与形式,认为城市土地集约利用可以采用公众意见调查、环境影响评价、咨询与听证制度、信息公开制度等形式;也有研究认为可以在政府绩效评估体系中追加土地集约利用绩效考核指标,促进地方政府的集约利用行为。上述建议更多的是一种思路,至于如何具体把这些思路和想法付诸实践,并在实践中产生较好的效果,还要在理论和操作层面上进一步探讨。

1.3.5 已有研究的不足及本研究的创新

从已有的文献来看,这方面的分析主要有以下特点:(1)研究尺度上,现有研究多侧重单一尺度,尤其是宏观尺度研究的较多,而对于功能区和城市两个尺度的综合研究则鲜有报道。(2)研究内容上,现有研究多聚焦于集约利用评价及集约水平的比较。(3)研究方法上,多采用简单常规的统计分析和计量分析方法。

已有的研究丰富了城市土地集约利用研究的内容,获得了一些极有价值的成果,但这方面的研究仍有待于进一步深化:一是研究城市及不同功能区土地集约利用的特点及差异,揭示不同尺度对城市土地集约利用的影响;二是如何构建基于不同功能区的城市土地集约利用评价指标体系,揭示区域的主体功能对城市土地集约利用的影响,分析不同功能区土地集约利用的空间差异及动态演变;三是在研究方法上,探索不同类型城市土地集约利用的关系,利用 GIS 空间分析功能探索城市土地集约利用的空间分异、动态变化及空间模拟。

1.4 研究内容与方法

1.4.1 研究内容

(1)城市不同功能用地集约利用评价。将城市土地按照用地功能划分为居住功能区、商业功能区、工业功能区、教育功能区;根据不同用地功能区的特点,分别构建四个功能区的土地集约利用评价指标体系;采用层次分析法实施不同功能区土地集约利用评价,并划定过度利用区、集约利用区、中度利用区和低度利用区;在同一区域内,比较不同用地功能区土地集约利用的特点,探索造成不同功能区土地集约利用水平差异的内在原因,分析内在机制。

(2)不同功能用地集约利用的驱动力分析。将可能的驱动因素分为内在因素和外在因素,通过构建回归模型对区位条件、区域经济社会发展水平、城市化水平、用地政策强度等外在因素进行分析,探索外在因素对不同功能用地集约利用的影响;通过构建回归模型对用地性质、用地功能、用地意愿等内在因素进行分析,探索内在因素对不同功能用地集约利用的影响;在此基础上,分析不同功能的用地主体土地集约利用行为。

(3)城市土地集约利用的空间分异及动态模拟。在评价结果的基础上,分别比较居住功能区、商业功能区、工业功能区、教育功能区在不同区域内的集约利用水平,揭示造成空间差异的原因;构建 CA‑Markov 模型,分别对四种功能的用地类型进行动态模拟,预测 2020 年集约利用情景。

(4)基于用地功能的土地集约利用调控对策。研制适用于不同功能用地的集约利用评价标准,在建筑密度、容积率、投入强度、用地效率等指标方面进行规定,实现基于不同功能用地的差异化管理;针对同一功能的用地,制定具有空间差异的集约利用政策;构建用地者的进入退出机制、用地信用评级制度,完善闲置土地界定及处置措施,构建集约利用长效机制。

1.4.2 研究方法

(1)实地调研。一是通过访谈、咨询等方式了解地方政府土地集约利用政策、土地集约利用意愿和预期,以及对不同功能区土地集约利用的看法;二是收集研究区域的社会、经济、土地利用等方面的统计资料。

(2)基于实码加速遗传算法的层次分析法(RAGA‑AHP)。研究中将集成实码加速遗传算法(RAGA)和层次分析法(AHP),用于不同功能用地集约利用评价指标权重的确定,以解决层次分析法中权数计算精度的不足。

(3)相关分析、回归分析等计量分析方法。选取区位条件、区域经济社会发展水平、城市化水平、用地政策强度、用地性质、用地功能等因子,运用相关分析和回归分析方法,探讨不同功能用地集约利用变化的驱动机制。

(4)分类叠加、CA‑Markov 模型等空间分析方法。通过分类叠加方法,分析不同功能用地集约利用的时空变化特征,构建 CA 模型,对不同功能用地进行动态变化模拟,揭示未来土地集约利用情景。

1.4.3 技术路线

本研究总体遵循"集约利用评价—驱动机制分析—动态变化模拟—政策建议"的思路构建。首先,划分不同的用地功能区,针对每种功能用地构建集约利用评价指标体系,并实施评价;其次,选择适当参数采用计量分析方法探索不同功能用地的集约利用驱动因素;再次,比较同一功能用地集约利用的空间分异,探索造成空间差异的原因,构建 CA‑Markov 模型对不同功能用地集约利用进行动态模拟;最后,针对不同功能用地提出集约利用政策建议。研究的技术路线如图1-1所示。

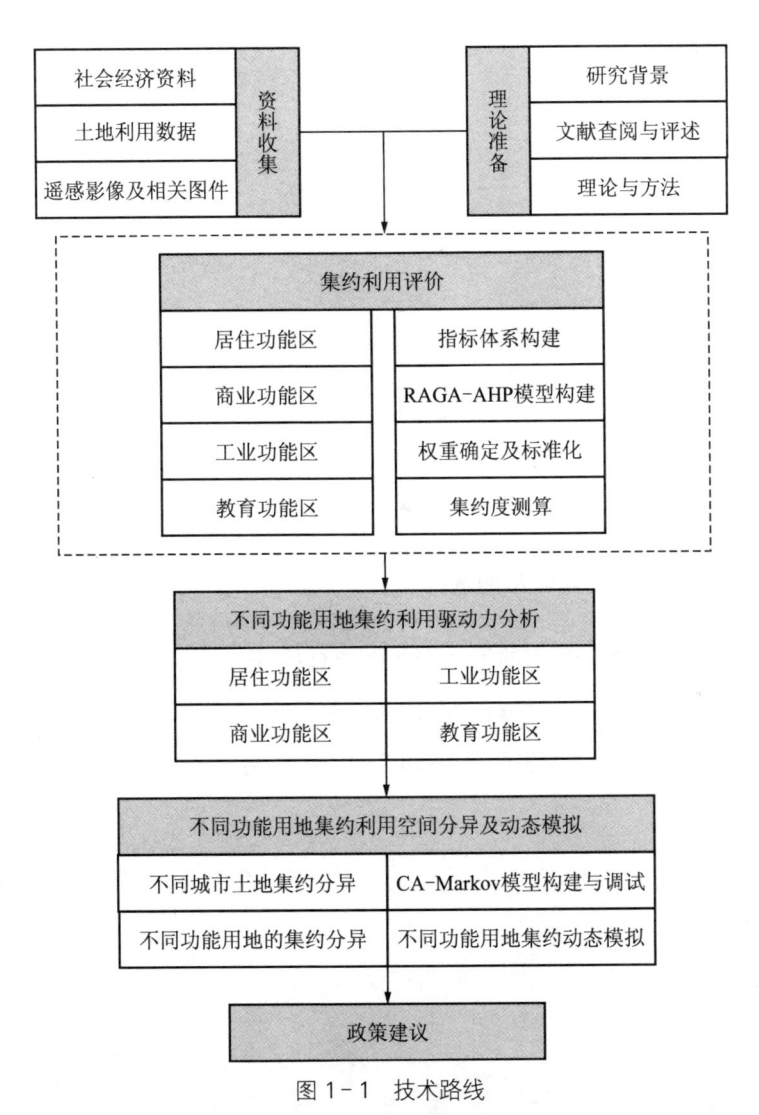

图 1-1 技术路线

2 研究区域概况及数据来源

2.1 研究区的选择

2.1.1 典型工业型城市的选择

2010年,在安徽省各市的第二产业生产总值(图2-1)排名中,合肥位居首位,第二产业生产总值为1456.64亿元;芜湖位居第二,第二产业生产总值为722.79亿元。安徽省各市工业生产总值(图2-2)排名,合肥市位居首位,工业总产值

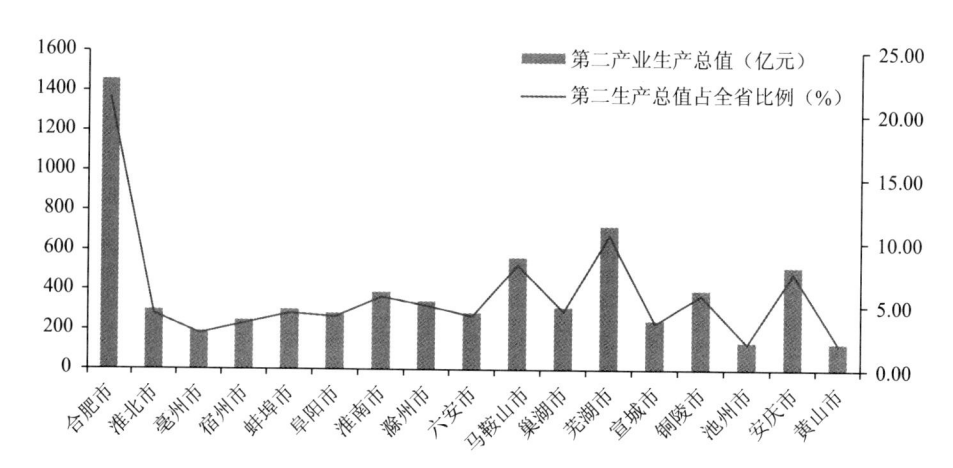

图 2-1 2010年安徽省各市工业发展指标对比
(数据来源:2011安徽省统计年鉴。)

为1121.64亿元;芜湖位居第二位,工业总产值为645.92亿元。单位面积工业生产总值,合肥市为9831.6万元/hm²,芜湖市为10786.9万元/hm²。从以上指标对比来看,除综合实力最强的安徽省会城市合肥外,芜湖市工业发展水平在安徽省最为突出。

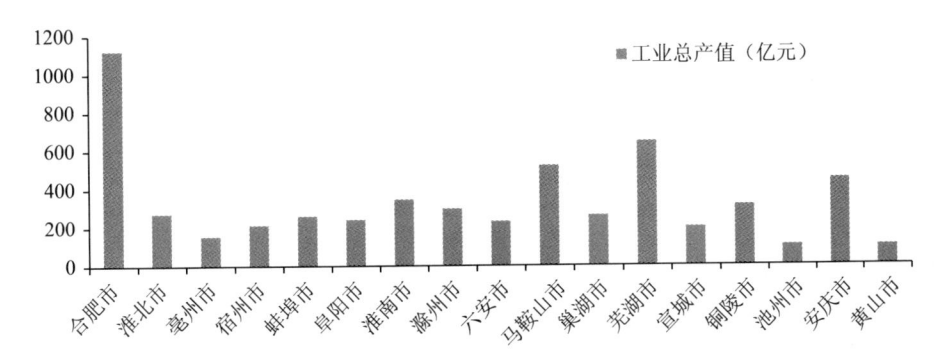

图2-2 2010年安徽省各市工业生产总值
(数据来源:2011安徽省统计年鉴。)

2010年,国务院批准成立皖江城市带承接产业转移示范区,芜湖市是安徽省规划中的两座特大城市之一,是安徽省"一线两点"区域开发格局中的枢纽,是皖江城市带"双核"之一。目前,芜湖市基本形成了具有较强竞争力的汽车及零部件、电子电器、新型建材、生物制药等四大支柱产业。同时,芜湖市自主创新综合试验区和国家技术创新工程试点建设扎实推进,进一步推进了工业发展。

基于以上分析,本研究将芜湖市作为典型工业型城市的研究区。

2.1.2 典型资源型城市的选择

安徽省最主要的资源储备是煤炭资源。2011年,安徽省各市的产煤情况如表2-1所示:生产原煤的有10个城市,淮南市原煤产量最高,其原煤产量为8110.4万吨;淮北市原煤产量第二,其原煤产量为4737.9万吨。拥有洗煤产业的有4个城市,淮北市洗煤产量最高,达1013.4万吨,淮南市洗煤产量第二,达508.6万吨。此外,拥有50万吨以上铁矿石原矿量的有8个城市,包括淮北、六安、马鞍山、巢湖等。从以上指标对比来看,安徽省内淮北市在利用煤炭、铁矿石等矿产资源发展建设方面最为突出。

基于以上分析,本研究将淮北市作为典型资源型城市的研究区。

表 2-1 2010 年安徽省各市矿产资源及其产业发展指标表

城市	原煤产量(万吨)	洗煤产量(万吨)	铁矿石原矿量(万吨)
合肥市	0.0	0.0	0.0
淮北市	4737.9	1013.4	68.3
亳州市	554.8	78.9	0.0
宿州市	1431.1	99.7	0.0
蚌埠市	0.0	0.0	0.0
阜阳市	1677.9	0.0	0.0
淮南市	8110.4	508.6	0.0
滁州市	0.0	0.0	0.0
六安市	0.0	0.0	1684.0
马鞍山市	0.0	0.0	1162.6
巢湖市	43.1	0.0	227.4
芜湖市	0.0	0.0	24.4
宣城市	28.1	0.0	0.0
铜陵市	15.6	0.0	29.0
池州市	6.3	0.0	36.8
安庆市	11.4	0.0	4.3
黄山市	0.0	0.0	0.0

(数据来源:2011 安徽省统计年鉴。)

2.1.3 典型旅游型城市的选择

2010 年,安徽省各市的旅游业总收入(图 2-3)排名,合肥市位居首位,旅游业总收入为 225.26 亿元;黄山市旅游业总收入位居第二,为 182.23 亿元。安徽省各市的三星级以上宾馆数量统计方面(图 2-4),黄山市居首位,其总数为 77 个;合肥市位居第二,其总数为 49 个。从以上指标对比来看,黄山市旅游业总收入较合肥市旅游业总收入差距不大,而合肥的宾馆总数远小于黄山市的宾馆总数,黄山市的旅游业发展水平在安徽省最为突出。

黄山市"十一五"期间,旅游业经济快速发展,旅游接待量突破2500万人次,比2005年增长1.5倍,达到2544.7万人次,年均增长20.5%;旅游总收入突破200亿元,达到202.1亿元,比2005年增长2.3倍,年均增长26.9%。"十二五"期间国家服务业综合改革试点在黄山市全面展开,以黄山为核心的皖南国际旅游文化示范区建设深入推进,为黄山市旅游业发展提供了重要平台。

基于以上分析,本研究将黄山市作为典型旅游型城市的研究区。

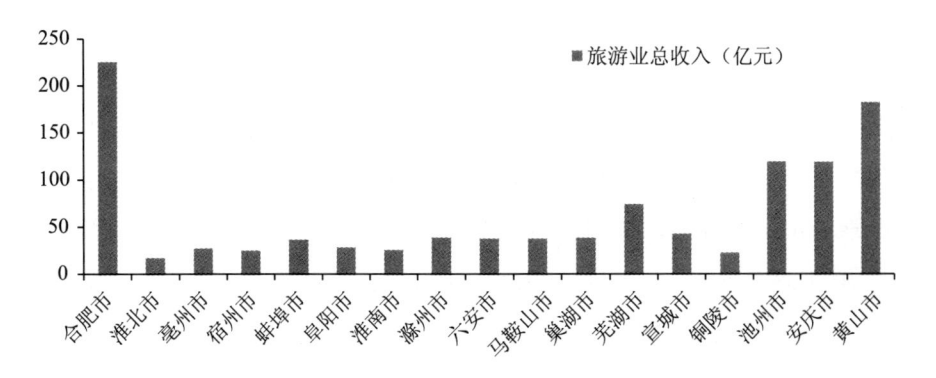

图2-3 2010年安徽省各市旅游业总收入
(数据来源:2011安徽省统计年鉴。)

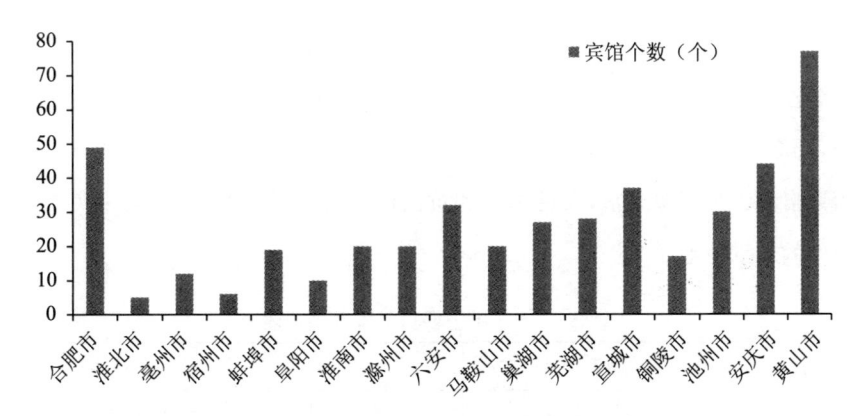

图2-4 2010年安徽省各市宾馆数量
(数据来源:2011安徽省统计年鉴。)

2.2 研究区域概况

2.2.1 自然条件

芜湖市位于安徽省东南部,地处长江下游,中心地理坐标为东经 118°21′,北纬 31°20′,北与合肥市、马鞍山市毗邻,南与宣城市、池州市接壤,东与马鞍山市、宣城市相连,西与铜陵市、安庆市交界,地理位置优越。芜湖市属亚热带湿润季风气候,光照充足,四季分明;年平均气温 15～16℃,最热月为 7—8 月,月平均气温超过 28℃,最冷月为 1 月,月平均气温仅 3℃;降雨充沛,平均年降雨量 1200 mm,但时段分布不均,主要集中在春季、梅雨季节和初冬。

淮北市位于安徽省北部,介于东经 116°23′至 117°02′,北纬 33°16′至 34°14′之间。地处华东地区腹地,苏、鲁、豫、皖四省之交,北接萧县,南临蒙城,东与宿州比邻,西连涡阳和河南永城。淮北市四季分明,气候温和,雨水适中,春温多变,秋高气爽,冬季显著,夏雨集中。淮北矿产资源蕴藏量丰富,淮北矿区储量丰富、煤种齐全、煤质优良、分布广泛、矿床规模较大、综合效益凸现,已成为中国重要的煤炭和精煤生产基地。

黄山市位于安徽省的最南端,地处皖、浙、赣三省交界处,介于东经 117°12′至 118°55′,北纬 29°24′至 30°31′之间,东南分别与浙江、江西交界。黄山市属北亚热带湿润性季风气候,温和多雨,四季分明;年平均气温 15～16℃,大部分地区冬无严寒,无霜期 236 天;降雨充沛,平均年降水量 1670 mm,降水多集中于 5—8 月。黄山市自然景观资源丰富,天目山脉和黄山山脉是境内主要山脉,其中黄山是闻名中外的风景胜地。

表 2-2 三市主要自然条件情况表

名称	城市类型	位置	特点
芜湖市	工业型	安徽省东南部	地理位置优越
淮北市	资源型	安徽省北部	矿产资源丰富
黄山市	旅游型	安徽省的最南端	自然景观资源丰富

2.2.2 社会经济概况

2.2.2.1 芜湖市

2010年年末,全市户籍人口230.76万人,常住人口226.31万人。全年城市居民人均可支配收入18727元,比上年增长11.8%;农村居民人均纯收入7834元,比上年增长16.3%。

2010年,实现地区生产总值1108.63亿元,比上年增长18.2%。第一产业增加值49.21亿元,增长3.7%;第二产业增加值722.62亿元,增长22.8%;第三产业增加值336.80亿元,增长12.4%。三次产业结构由上年的4.6∶62.7∶32.7调整为4.4∶65.2∶30.4。

2010年,实现工业增加值645.12亿元,比上年增长23.9%,其中,年主营业务收入500万元以上工业企业(以下简称规模以上工业)实现增加值641.24亿元,比上年增长25.1%。轻工业增加值186.91亿元,增长29.5%;重工业增加值454.33亿元,增长23.3%。

2.2.2.2 淮北市

2010年年末,全市户籍人口220.30万人,常住人口211.43万人。全市城市居民人均可支配收入15191元,比上年增长10.6%;农村居民人均纯收入5473元,比上一年增长18.1%。

2010年,实现地区生产总值461.6亿元,同比增长14.2%。第一产业增加值40.4亿元,增长4.8%;第二产业增加值298.4亿元,增长18.2%;第三产业增加值122.8亿元,增长9%。三次产业结构由上年9.6∶61.4∶29变化为2010年的8.8∶64.6∶26.6。

2010年,实现工业增加值273.7亿元,比上年增长19.1%。其中,全年规模以上工业企业实现主营业务收入987.4亿元,增长64%;实现利税106.7亿元,其中利润45.5亿元,分别增长36.7%和55.7%。全年新增规模以上工业企业145家,总数达到657家。"十一五"时期,全市净增规模以上工业企业534家;规模以上工业增加值年均增长15.2%。

2.2.2.3 黄山市

2010年年末,全市户籍人口147.72万人,常住人口135.90万人。全市城镇居民人均可支配收入15834元,比上年增长12.6%;农村居民人均纯收入6716元,比上一年增长17.7%。

2010年,实现地区生产总值309.30亿元,同比增长13.1%。第一产业增加值39.3亿元,增长4.7%;第二产业增加值136.4亿元,增长20.3%;第三产业增加值133.6亿元,增长9.2%。三次产业结构由上年的13.4:40.6:46.1调整为12.7:44.1:43.2。

2010年,实现工业增加值97.08亿元,比上年增长23.8%。其中,规模以上工业企业实现主营业务收入329.0亿元,增长61.5%;实现利税19.8亿元,增长54.0%;实现利润总额12.0亿元,增长70.1%。在统计的31个工业行业大类中,有23个行业实现利润同比增长,利润总额超千万的有16个行业,其中,印刷业和记录媒介的复制业、饮料制造业、化学原料及化学制品制造业居前三位,累计实现利润5.16亿元,占全部利润的43.0%(表2-3)。

表2-3 三市2010年社会经济概况统计表

指标类型	芜湖市	淮北市	黄山市
人口(万人)	230.76	220.30	147.72
GDP(亿元)	1108.63	461.60	309.30
固定资产投资额(亿元)	1220.10	366.90	454.30
城市居民人均可支配收入(元/人)	18727	15191	15834
农村居民人均纯收入(元/人)	7834	5473	6716

2.2.3 土地利用概况

2.2.3.1 芜湖市

依据2010年土地利用变更调查,全市土地总面积335935.93 hm²。其中,农用地为204616.58 hm²,占土地面积的60.91%;建设用地为126518.50 hm²,占土地面积的37.66%;未利用地为4800.87 hm²,占土地面积的1.43%(图2-5)。

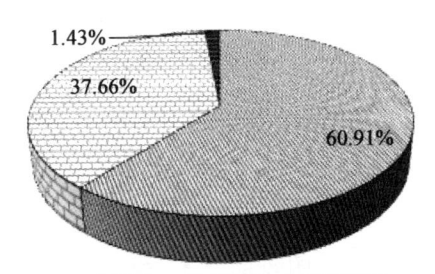

图 2-5 2010 年芜湖市土地利用结构

农用地中,耕地面积为 126862.52 hm²,占农用地的 61.99%;园地面积为 2963.06 hm²,占农用地的 1.45%;林地面积为 72248.44 hm²,占农用地的 35.30%;草地面积为 2542.56 hm²,占农用地的 1.26%(图 2-6)。

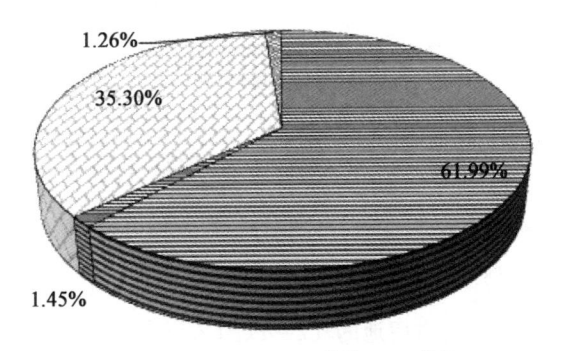

图 2-6 2010 年芜湖市农用地结构

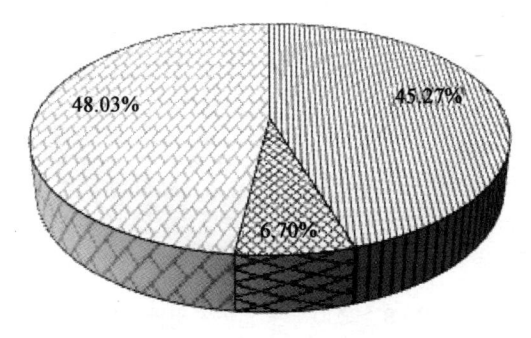

图 2-7 2010 年芜湖市建设用地结构

建设用地中,居民点及工矿用地面积为 57279.09 hm^2,占建设用地的 45.27%;交通运输用地面积为 8475.27 hm^2,占建设用地的 6.70%;水利设施用地面积为 60764.12 hm^2,占建设用地的 48.03%(图 2-7)。

2.2.3.2 淮北市

依据 2010 年土地利用变更调查,全市土地总面积 274138.81 hm^2。其中,农用地为 181153.05 hm^2,占土地面积的 50.53%;建设用地为 87217.77 hm^2,占土地面积的 16.08%;未利用地为 274138.81 hm^2,占土地面积的 33.39%(图 2-8)。

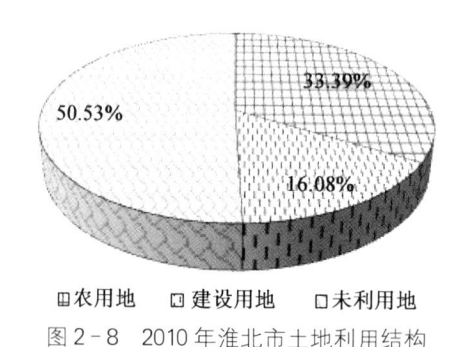

图 2-8 2010 年淮北市土地利用结构

农用地中,耕地面积为 169370.13 hm^2,占农用地的 93.50%;园地面积为 2938.56 hm^2,占农用地的 1.62%;林地面积为 8404.09 hm^2,占农用地的 4.64%;草地面积为 440.27 hm^2,占农用地的 0.24%(图 2-9)。

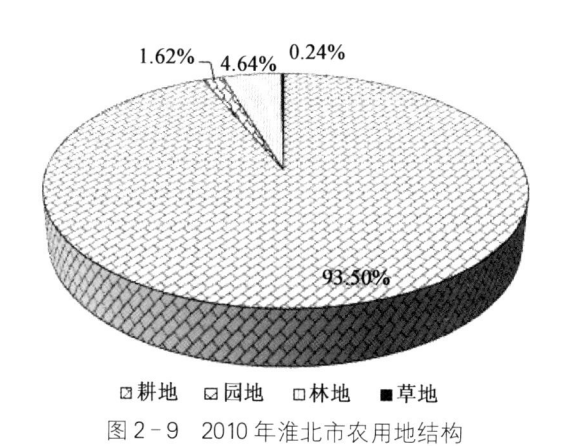

图 2-9 2010 年淮北市农用地结构

建设用地中,居民点及工矿用地面积为 49133.65 hm^2,占建设用地的

56.33%;交通运输用地面积为10760.31 hm²,占建设用地的12.34%;水利设施用地面积为27323.81 hm²,占建设用地的31.33%(图2-10)。

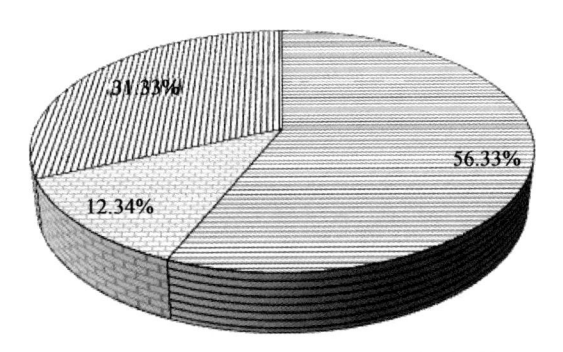

图2-10 2010年淮北市建设用地结构

2.2.3.3 黄山市

依据2010年土地利用变更调查,全市土地总面积967838.74 hm²。其中,农用地为893527.71 hm²,占土地面积的92.32%;建设用地为67019.74 hm²,占土地面积的6.93%;未利用地为7291.29 hm²,占土地面积的0.75%(图2-11)。

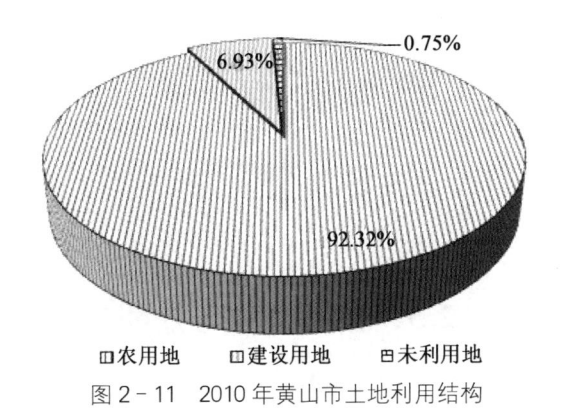

图2-11 2010年黄山市土地利用结构

农用地中,耕地面积为69707.91 hm²,占农用地的7.80%;园地面积为81055.22 hm²,占农用地的9.07%;林地面积为739864.65 hm²,占农用地的82.80%;草地面积为2899.93 hm²,占农用地的0.33%(图2-12)。

建设用地中,居民点及工矿用地面积为29431.04 hm²,占建设用地的

43.91%;交通运输用地面积为 8648.46 hm²,占建设用地的 12.91%;水利设施用地面积为 28940.24 hm²,占建设用地的 43.18%(图 2-13)。

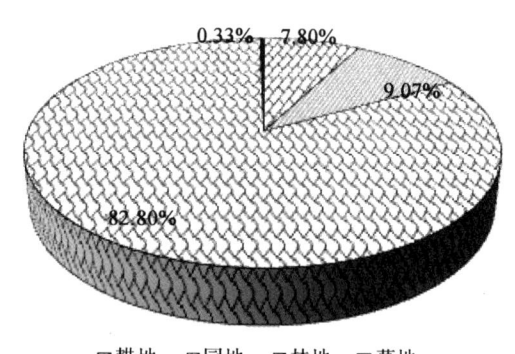

图 2-12 2010 年黄山市农用地结构

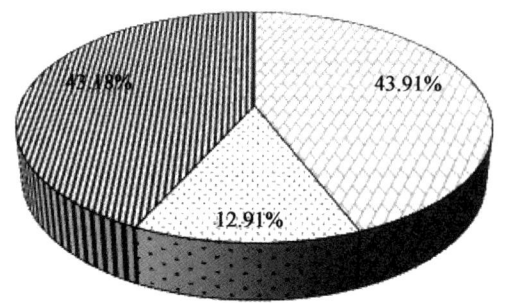

图 2-13 2010 年黄山市建设用地结构

2.3 数据来源与处理

2.3.1 空间信息数据

研究区遥感数据来源于 WorldView-2 0.5 米分辨率卫星影像(2010 年)、google 地图影像(2010 年)以及 http://datamirror.csdb.cn/admin/data Landsat Main.jsp 国际科学数据服务平台(2005 年 5 月、2010 年 5 月)。遥感数据主要作为研究区的工作底图以及 CA 模拟的研究用图。

研究区的土地利用数据主要来源于对研究区的实地调查。项目组研究人员以解译后的遥感影像图为基础,分别对工业型城市芜湖市、资源型城市淮北市和旅游型城市黄山市分别进行2次实地调查。第一次调查熟悉研究区域情况,选择功能区及确定每个城市的功能区样区;第二次调研收集确定的每个功能样区的基础数据,如用地情况、社会经济数据等。两次实地调研的时间及调查内容见表2-4。

表2-4 实地调查情况表

类型	城市	第一次调查		第二次调查	
		时间	调查内容	时间	调查内容
工业型	芜湖	2013.5	对所划功能区进行实地调查,确定功能区	2014.4	调查功能区内土地面积、用地情况、建筑类型、楼层等相关数据
资源型	淮北	2013.5	对所划功能区进行实地调查,确定功能区	2014.5	调查功能区内土地面积、用地情况、建筑类型、楼层等相关数据
旅游型	黄山	2013.6	对所划功能区进行实地调查,确定功能区	2014.6	调查功能区内土地面积、用地情况、建筑类型、楼层等相关数据

工业功能区主要收集了开发区总体概况资料,明确了开发区审批、用地规模、管理机构、历次扩区情况、四至定界等内容,对开发区内已建成城镇建设用地中工矿仓储用地的投入产出情况进行调查,对开发区内企业进行调查。商业功能区主要收集了商业功能区的基本信息,商业用地的土地面积、用地情况、建筑类型、楼层、典型商体的经济数据等相关资料(表2-5)。居住功能区主要收集了居住功能区的总体概括资料,明确了居住小区的用地规模、区域状况等信息(表2-6)。通过实地调查居住功能区所有地块的用途、土地面积、楼层等,对于未供应的土地,结合规划资料来明确其面积、用途等(表2-7)。教育功能区主要收集了用地面积、用地功能、楼层等相关数据(表2-8)。

此外,研究区土地利用数据还调用了芜湖、淮北、黄山三市土地利用现状数据(2005年、2010年),为基于CA-Marckov模型的土地利用模拟提供辅助检验。

表2-5 商业功能区基本信息表

城市	功能区面积（hm²）	楼层	使用性质	建筑结构	典型商业体
芜湖市	17.5	6～9	商业/办公	混凝土结构	新百和金鹰大厦
淮北市	207.0	2～6	商住	砖混结构	金鹰大厦
黄山市	129.0	2～3	商住	砖混结构	百大商厦

表2-6 部分居住功能区基本信息表

小区名称	开盘时间	建筑类别	项目特色	楼盘地址	交通状况
温哥华城金水湖畔	2012.6	多层、小高层	复合地产	相山区人民路以南、梅苑路以北、南湖路以东	12、15、16路公交车
九龙新村	2010.3	多层、小高层	安置房	芗城新华东路与胜利东路交会处	—
江南春城	2009.6	板楼、低层、多层		弋江区南塘湖路，四院附近	—
柏庄春暖花开	2011.5	小高层	复式	弋江区九华南路800号	16、18、45、113（夜）路公交
广宇 江南新城	2011.8	多层、小高层	特色别墅	黄山市徽州大道与百鸟亭路交叉口	3、8、16路公交车

表2-7 部分居住功能区用地状况表

小区名称	建筑面积（m²）	占地面积（m²）	总户数（户）
温哥华城 金水湖畔	349294	35000000	3500
九龙新村	204675	35000	1500
江南春城	204587	40000	1400
柏庄春暖花开	400000	217333	3037
江南新城	800000	667000	6230

表 2-8　部分教育功能区基本信息表

城市	面积（hm²）	用地功能	建筑密度（%）	楼层
芜湖市	399.4	教学楼、绿地率、生活服务用地、办公用地	20.81	6~11
黄山市	120.1	教学楼、绿地率、生活服务用地、办公用地	17.57	3~6
淮北市	200.1	教学楼、绿地率、生活服务用地、办公用地	33.96	6~11

2.3.2　社会经济数据

社会经济数据主要来源于网络调查、访谈调查、实地调查和统计年鉴。通过访谈调查，收集了 2010 年工业功能区中各个开发区的工业总收入、工业企业固定资产投资总额等信息。

商业功能区的经济情况主要通过实地调查获得。研究人员选取芜湖市、黄山市和淮北市大型商场，进行同一时间段，不同出入口定点统计调查。工业型城市芜湖市选取新百和金鹰大厦进行统计调查，资源型城市淮北市选取金鹰进行定点统计调查，旅游型城市黄山市选取黄山百大商厦进行定点统计调查。鉴于周末人流量较大，易于显示商场人流效益，调研时段选取星期日 10:00—11:00，调研人员在各市选取的商场不同出入口进行定点统计调查，计算各个商场的人流量的情况。

居住功能区通过对功能区内各住宅小区的物业管理人员进行访谈调查，并汇总估算得出每个功能区内的居住人口。调研人员利用网络对所划定功能区的房价进行搜集，得出每个功能区内的平均房价。

3 城市不同功能用地集约利用评价

　　城市各类型功能用地的社会经济影响及土地利用表现具有不同的特点,其用地结构、用地强度、用地效益等方面都存在着差异。城市土地的集约利用水平分析,需要先明确不同功能用地,然后分别进行集约利用水平分析。本章首先划定三个典型城市的工业、商业、居住、教育功能区,建立不同功能区的集约利用评价指标体系,然后利用 RAGA-AHP 方法计算不同功能区土地利用集约度,分析不同城市同一类型功能区的土地集约利用差异。

3.1 功能区划分

　　根据《建设用地节约集约利用评价规程》(TD/T1018—2008),先从遥感影像图上解读三个城市的城市形态,初步划定工业型城市芜湖市、资源型城市淮北市和旅游型城市黄山市的 4 种不同功能区,在此基础上对三个城市进行实地调研,确定各城市的功能区。

3.1.1 工业功能区划分

　　工业用地是指独立设置工厂、车间、手工业作坊、建筑安装的生产场地、辅助生产场地等用地。工业功能区的划分要求其范围内工业用地(含高新技术产业用地和仓储用地)占 40% 以上。当一个工业功能区整体不作为一个样本片区处理时,其样本片区选定的原则为:样本片区内除厂房外,还包括为工业生产服务的辅助设施,如交通运输、仓库、基础设施等,但不包括居住用地;可以一宗地或多宗相连土地作为一个样本片区,但土地面积不宜小于 10 hm²。依据工业功能区划分的原则,在三个典型城市中初步选定国家级经济开发区、省级开发区为工业功能区。工业型城市芜湖市初步划定 4 个工业功能区,分别为安徽新芜经济开发区、芜湖高新技术产业开发区、三山经济技术开发区和芜湖经济技术开发区(表 3-1)。资源型城市淮北市初步划定 4 个工业功能区,分别为淮北经济开发区、杜集经济开发区、烈山开发区和凤凰山经济开发区(表 3-2)。旅游型城市黄山市初步划定 4 个工业功能区,分别为黄山经济开发区、黄山九龙低碳经济园、歙县经济开发区和安徽休宁经济开发区(表 3-3)。

表 3-1 工业型城市芜湖市工业功能区情况表

开发区名称	面积(hm²)	2012 年总产值(亿元)	主导产业
安徽新芜经济开发区	320.00	169.3	新能源装备、成套设备、各类机床、汽车零部件和电子电器基础件
芜湖高新技术产业开发区	2674.02	547.0	汽车及其零部件、电子信息、节能环保、服务外包
三山经济技术开发区	4490.07	612.0	汽车及装备制造业
芜湖经济技术开发区	539.85	2086.7	汽车及零部件、家用电器和新材料

(数据来源:芜湖市各开发区官网。)

表 3-2 资源型城市淮北市工业功能区情况表

开发区名称	面积(hm²)	2012 年总产值(亿元)	主导产业
淮北经济开发区	92.77	165.0	电子信息、材料、机电、生物医药、机械制造、纺织服装、新能源与环保
杜集经济开发区	201.14	150.0	新型机械装备制造
烈山开发区	1100.00	59.6	新能源新材料、生物医药、装备制造、肉食品加工、纺织服装和电子科技

续　表

开发区名称	面积（hm²）	2012年总产值（亿元）	主导产业
凤凰山经济开发区	154.30	100.0	食品产业

（数据来源：淮北市各开发区官网。）

表3-3　旅游型城市黄山市工业功能区情况表

开发区名称	面积（hm²）	2012年总产值（亿元）	主导产业
黄山经济开发区	399.35	246	纺织服装、机械电子、新材料
歙县经济开发区	935.00	115	机械电子、生物医药、食品加工、新型材料
安徽休宁经济开发区	1000.00	50	有机绿色食品加工、机械电子、汽车零配件、高新技术型制造业
黄山九龙低碳经济园	273.95	28	生物医药、机械电子、低碳环保产业、农副产品精深加工

（数据来源：黄山市各开发区官网。）

根据芜湖市"十二五"工业发展规划纲要，芜湖市工业发展目标是"不断优化工业结构，形成汽车及零部件、材料、家电、光电光伏4个千亿级产业和电线电缆、装备等3个500亿级的产业，打造若干个主业突出、综合研发能力较强、配套体系完整的产业集群；培育形成汽车、智能家电、光电光伏、高端装备等一批世界一流水平的特色产业研发制造基地"。根据调研结果，芜湖高新技术产业开发区、三山经济技术开发区、芜湖经济技术开发区充分体现了芜湖市工业发展规划，且更易获取研究相关数据，因此本研究选取芜湖高新技术产业开发区、三山经济技术开发区、芜湖经济技术开发区为芜湖市的典型工业功能区。

根据淮北市"十二五"工业发展规划纲要，淮北市将重点建设煤电化产业，同时加速发展非煤产业板块，优化产业结构。在现有的煤炭、电力、化工（煤化工和精细化工）基础上大力发展机械制造、纺织服装、新型建材、生物医药和食品等八大产业。根据调研结果，淮北经济开发区、凤凰山经济开发区在产业布局上突出体现了淮北市工业发展方向，因此本研究选取淮北经济开发区和凤凰山经济开发区为淮北市的典型工业功能区。

根据黄山市"十二五"工业发展规划纲要,黄山市将围绕改造提升传统产业、加快发展优势产业、积极培育新兴产业,着力打造新型精细化工、机械电子、茧丝绸服装、农副产品精深加工等四大百亿元产业集群。根据调研结果,黄山经济开发区和黄山九龙低碳经济园在产业布局上突出体现了黄山市工业发展方向,因此本研究选取黄山经济开发区和黄山九龙低碳经济园为黄山市的典型工业功能区(表3-4、图3-1)。

表3-4 工业功能区划分情况表

城市	工业功能区名称	面积（hm²）	四至范围
芜湖市	芜湖高新技术产业开发区	2674.02	漳河以东,峨山路以南,九华南路以西,纬十路以北
	三山经济技术开发区	4490.07	长江以南,南至三华山路
	芜湖经济技术开发区	539.85	东至长江,南至芜合告诉,北至江口
淮北市	淮北经济开发区	201.14	北至西任台子,南至龙河路,西至东外环
	凤凰山经济开发区	154.30	西至101省道,东至202省道
黄山市	黄山经济开发区	399.35	东至梅林大道,南至霞塘路,北至金鸡路
	黄山九龙低碳经济园	273.95	北至迎宾大道,南至045乡道

a 芜湖高新技术产业开发区　　　　b 三山经济技术开发区

c　芜湖经济技术开发区

d　淮北经济开发区

e　凤凰山经济开发区

f 黄山经济开发区　　　　　　　　g 黄山九龙低碳经济园

图 3-1　工业功能区片遥感影像图

3.1.2　商业功能区划分

根据《建设用地节约集约利用评价规程》(TD/T1018—2008),商业用地主要指城市第三产业发展用地,包括商业、餐饮、文化娱乐等经营性企业用地。商业功能区划分要求其范围内商服用地(含商务、金融、服务业等用地)占60%以上。对于大、中城市,商业功能区主要针对市级、区级的商业中心区域和专业性市场区域来划分,小城市主要针对市级的商业中心区域和专业性市场区域来划分。当一个商业功能区整体不作为一个样本片区处理时,其样本片区选定原则为:可以将商业功能区中的多宗土地相连的区域作为一个样本片区处理;可选择单宗地土地作为样本片区,土地面积不小于 1.0 hm^2。依据商业功能区划分的原则,初步划定步行街、商业集中区为商业功能区,工业型城市芜湖市初步划定 3 个商业功能区,分别为滨江公园商业街、中山路步行街、银湖波尔卡大街(表 3-5)。资源型城市淮北市初步划定 2 个商业功能区分别为古城路商业街、惠苑路商业街(表 3-6)。旅游型城市黄山市初步划定 2 个商业功能区分别为老街、新黄山商业步行街(表 3-7)。

表 3-5　工业型城市芜湖市商业功能区情况表

名　　称	规　　模	商业类型
滨江公园商业街	40000 m²,其中滨江公园商业街 19000 m²	区域特色商业街
中山路步行街	50564 m²,其中停车场面积约 18330 m²	主题商业街
银湖波尔卡大街	占地面积 15000 m²	社区配套商业街

表 3-6　资源型城市淮北市商业功能区情况表

名　　称	规　　模	商业类型
古城路商业街	全长近 700 m,宽约 30~40 m	区域特色商业街
惠苑路商业街	全长近 450 m,宽约 15~18 m	社区配套商业街

表 3-7　旅游型城市黄山市商业功能区情况表

名　　称	规　　模	商业类型
老街	全长约 830 m,宽 5~8 m	区域特色商业街
新黄山商业步行街	占地面积 200000 m²	社区配套商业街

对比分析初步划定的商业功能区,由表 3-5 可知所划定的芜湖市 3 个商业功能区中,中山路步行街为主题商业街,是一条具有综合功能的大型商业街,对于工业型城市芜湖市的发展具有重要作用。由表 3-6 可知划定的淮北市商业功能区中,一个为社区配套商业街,一个为区域特色商业街,区域特色商业街生活社区面积少,商业社区较为明确,便于调查。由表 3-7 可知划定的黄山市商业功能区中,一个为社区配套商业街,一个为区域特色商业街,区域特色商业街生活社区面积少,商业社区较为明确。经过实地勘察比较,最终确定芜湖市中山路步行街、淮北市的古城路商业街和黄山市老街为典型商业功能区(表 3-8、图 3-2)。

表 3-8　商业功能区划分情况表

功能区名称	面积(hm²)	四至范围
芜湖市中山路步行街	26.78	北至北京西路,南至中二街,西至中和路,东临镜湖
淮北市古城路商业街	207.47	北至淮海中路,南至惠黎路,中间穿过古城路,西临暇溪北路,东过淮北市铁路路线
黄山市老街	105.26	北至延安路,南临滨江,西至滨江西路,东临新安北路

a 芜湖市中山路步行街　　　　c 淮北市古城路商业街

b 黄山市老街商业区

图 3-2　商业功能区片遥感影像图

3.1.3　居住功能区划分

根据《建设用地节约集约利用评价规程》(TD/T1018—2008),居民住宅用地指用于建造居民居住用房屋所占用的土地。居住功能区划分要求其范围内住宅用地、居住区级以下(含居住区级)的公共服务设施用地分别应占50%以上和12%～25%的比例。当一个居住功能区整体不作为一个样本片区处理时,其样本片区选定原则:宜按居住小区范围选择,必要时可以用居住组团范围代替;难以划分居住小区或居住组团的区域可按居委会范围选择,必要时可将多个居委会范围合并为一个样本片区,但不得超出街道办事处;面积以 10～20 hm² 为宜,最小不得小于 4 hm²。依据居住功能区划分的原则,初步划定芜湖市 8 个居住功能区,分别为现代小区、农村住宅、天香苑、赭园小区、景江东方、春江花园、毕屋基、金鼎花园(表 3-9)。初步划定淮北市 8 个居住功能区,分别为翡翠岛、梅苑社区、温哥华城、恒潭小区、黎苑路、四海绿洲花园、博庄村、杜庄(表 3-10)。初步划定黄山市 8 个居住功能区,分别为梧桐苑、幸福家园、桃花岛、汇通花园、三华园、黎树园、金泰花园、黎新社区(表 3-11)。

表 3-9　工业型城市芜湖市居住功能区情况表

名称	生活设施	住 宅 小 区	地形
现代小区	齐全	九龙新村、戈江嘉园、柏庄丽城、柏庄春暖花开等	平坦
农村住宅	欠缺	集徽村等社区	复杂
天香苑	齐全	景江东风、天香苑、香苑小区等	复杂
褚园小区	欠缺	褚园小区、财兴小区、蓝山逸局等	复杂
景江东方	齐全	景江东方、相苑小区	平坦
春江花园	欠缺	春江花园、红旗园等	平坦
毕屋基	齐全	毕屋基、鸠兹家苑和园	平坦
金鼎花园	欠缺	金鼎花园、天置花园南区	平坦

表 3-10　资源型城市淮北市居住功能区情况表

名称	生活设施	住 宅 小 区	地形
翡翠岛	齐全	翡翠岛	平坦
梅苑社区	齐全	梅苑社区、华贵梅苑等	平坦
温哥华城	齐全	温哥华城	平坦
恒潭小区	欠缺	恒潭小区	平坦
黎苑路	欠缺	黎苑路小区	平坦
四海绿洲花园	齐全	四海绿洲花园	平坦
博庄村	欠缺	博庄村社区	平坦
杜庄	欠缺	杜庄社区	平坦

表 3-11　旅游型城市黄山市居住功能区情况表

名称	生活设施	住 宅 小 区	地形
梧桐苑	齐全	梧桐苑、广宇江南新城	平坦
幸福家园	齐全	幸福家园、金兰公寓、杭徽园南区、平安园等	平坦
桃花岛	齐全	远洋桃花岛	平坦
汇通花园	齐全	汇通花园、城东花园	平坦
三华园	齐全	三华园、滨江花园	平坦
黎树园	齐全	黎树园、清沁园	平坦

续 表

名称	生活设施	住宅小区	地形
金泰花园	齐全	金泰花园	平坦
黎新社区	齐全	黎新社区	平坦

对比分析初步划定的居住功能区,根据周边基础设施水平、生活设施齐全程度、居民入住率等因素,经过实地勘察对比,最终确定工业型城市芜湖市居住功能区为现代小区、天香苑和赭园小区,资源型城市淮北市居住功能区为翡翠岛、梅苑社区和温哥华城,旅游型城市黄山市居住功能区为梧桐苑、幸福家园和桃花岛(表3-12,图3-3)。

表3-12 居住功能区划分情况表

城市	功能区名称	面积(hm²)	四至范围
芜湖市	现代小区	295.31	北至红花上路,南至戈江南路,西至九华南路,东至南塘湖路
	天香苑	169.39	北至景观大道,南至赤铸山西路,西至长江中路,东至银湖中路
	赭园小区	69.22	北至赭山中路,西至九华南路,东至文化路
淮北市	温哥华城	29.05	北至人民中路,西至南湖路,东临权子园
	翡翠岛	19.34	北至横潭路,南至人民中路,西至泉山路,东至南胡路
	梅苑社区	59.55	北至人民中路,南至南黎路,西至相山中路,东至南胡路
黄山市	梧桐苑	58.38	北至延安路,南临滨江,西至滨江西路,东临新安北路
	幸福家园	54.46	北至黄山东路,南至长干东路,东至天国大道,西至前园单路
	桃花岛	23.42	位于黄山市中心城区横江水域,四面环水

a 现代小区

b 赭园小区

c 天香苑

d 翡翠岛

3 城市不同功能用地集约利用评价

e 梅苑社区 　　　　　　　　f 温哥华城

g 幸福家园 　　　　　　　　h 梧桐苑

i 桃花岛

图3-3 居住功能区片遥感影像图

3.1.4 教育功能区划分

根据《建设用地节约集约利用评价规程》(TD/T1018—2008),教育功能区原则上仅划定高等院校、大中专学校等;一个教育功能区原则上由一个教育机构组成,分散布局的教育机构所管理的区域可以划分为多个教育功能区。初步划定芜湖市 7 个教育功能区,分别是皖南医学院南校区、安徽商贸职业技术学院、安徽师范大学南校区、芜湖职业技术学院南校区、安徽机电职业技术学院、安徽工程大学机电学院文津校区、安徽师范大学北校区(表 3-13)。初步划定淮北市 3 个教育功能区,分别是淮北师范大学、淮北职业技术学院、安徽矿业职业技术学院(表 3-14)。初步划定黄山市 4 个教育功能区,分别为黄山学院南校区、黄山学院北校区、黄山职业技术学院(表 3-15)。

表 3-13 工业型城市芜湖市教育功能区情况表

名　　称	规模(hm^2)	生活设施
皖南医学院南校区	61.0	齐全
安徽商贸职业技术学院	33.8	齐全
安徽师范大学南校区	124.0	齐全
芜湖职业技术学院南校区	56.4	齐全
安徽机电职业技术学院	34.7	齐全
安徽工程大学机电学院文津校区	40.0	齐全
安徽师范大学北校区	49.1	齐全

表 3-14 资源型城市淮北市教育功能区情况表

名　　称	规模(hm^2)	生活设施
淮北师范大学	200.1	齐全
淮北职业技术学院	37.0	齐全
安徽矿业职业技术学院	20.8	较齐全

表 3-15　旅游型城市黄山市教育功能区情况表

名　称	规模(hm²)	生活设施
黄山学院北校区	15.9	齐全
黄山学院南校区	104.4	齐全
黄山职业技术学院	42.3	较齐全

对比分析初步划定的教育功能区,由表 3-13 可知,所选的教育功能区面积合适,生活设施齐全,可用于研究,鉴于这 6 个功能区所属研究区域的特殊性,根据规程将芜湖市所划 6 个连片教育功能区合并为一个教育功能区。由表 3-14 可知,所选的淮北市淮北师范大学规模合适,生活设施齐全,所属地理位置方便实地调查。由表 3-15 可知,所选的黄山市黄山学院规模合适,生活设施齐全,所属地理位置方便,便于实地调查,鉴于黄山学院分为 2 个校区,黄山教育功能区划分为 2 个。结合研究区域的特殊性和实地调查,最终确定芜湖市教育功能区为芜湖大学城和安徽师范大学北校区,淮北市教育功能区为淮北师范大学,黄山市教育功能区为黄山学院南校区和黄山学院北校区(表 3-16、图 3-4)。

表 3-16　教育功能区划分情况表

名　称	面积(hm²)	范　围
芜湖大学城	349.9	北至大工山路,南至峨山东路,东至花津南路,西至长江南路
安徽师范大学北校区	49.1	北至银湖南路,南至北京中路,西至中山北路
淮北师范大学	200.1	南临淮海中路,东至东山路
黄山学院南校区	104.4	北临西安江,南至杭徽高速,东至西海路
黄山学院北校区	15.9	南至戴震路,西临隆埠三村,东至西海路

a 芜湖大学城

b 黄山学院北校区

c 黄山学院南校区

d 淮北师范大学

e 安徽师范大学北校区

图 3-4 教育功能区片遥感影像图

3.2 评价指标体系构建

本研究立足于现阶段开发区用地的实际情况,构建评价指标体系,指标体系分为目标层和指标层。其中,目标层是针对不同功能用地划定的宏观层面影响因素,指标层是基于目标层确定的若干影响因子。

评价指标体系具备以下四个特征:① 科学性和可操作性,在现有规范的基础上,根据安徽省土地利用的情况,科学地表述出土地利用的内涵、本质、规律和机制的本质要素;同时不能为了提高理论体系的完美性而牺牲指标体系的可操作性。② 全面性和代表性,工业、商业、教育、居住用地集约利用评价是综合的概念,涉及土地利用现状、用地强度、用地投入产出、基础设施等多方面的内容。一方面,指标的选择应充分考虑影响工业、商业、教育、居住用地集约利用的各方面因素,体现指标的全面性。另一方面,指标的选择也并非越多越好,指标的繁杂并不一定能增强评价结果的可信度,关键在于指标对评价目标的贡献度及其与相关指标的联动程度。③ 可比性,评价指标的内涵应在各区域之间具有普适性,使评价结果在全国范围内具备可比性。④ 动态性,随着社会经济的发展,衡量用地集约利用的因素会有所改变,因此指标的选取也应随着时间、地区、经济发展水平的变化而有所变化,以便能与评价目的相符。

3.2.1 工业功能区评价指标体系

从开发区土地利用内涵出发,参考《开发区土地集约利用评价规程》(TD/T1029—2010)、《开发区土地集约利用评价数据库标准》(TD/T1030—2010)、《建设用地节约集约利用评价规程》(TD/T1018—2008)等制定指标体系。工业功能区土地集约利用程度评价选取土地利用强度、土地利用效益、基础设施完备度三个目标层,指标层由7个指标构成(表3-21)。

表 3-17　工业功能区设定指标与规程指定指标比较表

TD/T1018—2008 指定指标	选择要求	研究设定指标
综合容积率（必选）	√	综合容积率
单位用地固定资产总额（必选）	√	单位用地固定资产总额
基础设施完备度（必选）	√	基础设施完备度
单位用地工业总产值（必选）	√	单位用地工业产值
单位用地工业利税（备选）		建筑密度
工业地价实现水平（备选）		工业用地综合容积率
		工业用地建筑密度

对比规程指标（表 3-17），本研究首先选取规程中所有必选指标，然后根据调研情况选取部分规程中的备选指标，具体指标体系包括：综合容积率（必选）、单位用地固定资产总额（必选）、基础设施完备度（必选）、单位用地工业总产值（必选）、建筑密度、工业用地综合容积率、工业用地建筑密度。

3.2.2　商业功能区评价指标体系

基于商业用地集约利用的内涵，立足于安徽省城市商业用地情况，选取商业用地集约利用评价指标。依据城市商业用地的特性，参考《建设用地节约集约利用评价规程》（TD/T1018—2008），通过对商业用地的规模、利用形式、密度和强度，建立一套反映商业用地集约利用目标、内容、程度等不同属性特征的指标体系，指标层由 6 个指标构成（表 3-22）。

表 3-18　商业功能区设定指标与规程指定指标比较表

TD/T1018—2008 指定指标	选择要求	研究设定指标
综合容积率（必选）	√	综合容积率
基础设施完备度（必选）	√	基础设施完备度
商业地价实现水平（备选）		建筑密度
单位用地从业职工数（备选）	√	单位用地从业职工数
单位用地营业额（备选）	√	单位用地营业额
		商业辐射能力

对比规程指标(表3-18),本研究首先选取规程中所有必选指标,然后为了更好地体现商业用地的土地利用强度和基础设施情况,又选取了建筑密度和商业辐射能力来作为商业用地的指标,具体指标体系包括:综合容积率、建筑密度、单位用地从业职工数、单位用地营业额、基础设施完备度、商业辐射能力。

3.2.3 居住功能区评价指标体系

基于居住用地集约利用的内涵,立足于安徽省城市住宅用地情况,选取居住用地集约利用评价指标。依据住宅用地的一般特性,参考《建设用地节约集约利用评价规程》(TD/T1018—2008),通过对住宅用地的规模、利用形式、密度和强度,建立一套反映住宅用地集约利用目标、内容、程度等不同属性特征的指标体系,指标层由7个指标构成(见表3-23)。

表3-19 居住功能区设定指标与规程指定指标比较表

TD/T1018—2008 指定指标	选择要求	研究设定指标
综合容积率(必选)	√	综合容积率
建筑密度(备选)	√	建筑密度
人口密度(必选)	√	人口密度
基础设施完备度(必选)	√	基础设施完备度
生活服务设施完备度(必选)	√	生活服务设施完备度
绿地率(备选)	√	绿地率
住宅地价实现水平(备选)		房价地价比

对比规程指标(表3-19),本研究首先选取规程中所有必选指标,然后根据调研情况选取部分规程中的备选指标。土地利用强度所选取的3个指标都是规程中的相应指标;土地利用效益所选取的2个指标中人口密度为规程中的必选指标,房价地价比取代了备选指标住宅地价实现水平,住宅地价实现水平对于较大面积的居住功能区有较好的体现土地利用效益,而对于较小的居住功能区房价地价比更能凸显土地利用效益,因此选取了房价地价比这个指标;基础设施完备度所选的2个指标为规程中的相应指标。具体指标体系包括:综合容积率、建筑密度、绿地率、人口密度、房价地价比、生活服务设施完备度、基础设施完备度。

3.2.4 教育功能区评价指标体系

基于高校教育用地集约利用的内涵,立足于安徽省各大高校的发展层次,进行高校教育用地集约利用评价指标选取。一方面参考《建设用地节约集约利用评价规程》(TD/T1018—2008),从土地利用程度、土地利用结构、土地利用强度三个角度分别表征教育用地土地利用充分化、结构合理化、布局紧凑化的程度;另一方面考虑土地利用效益是衡量土地集约利用程度的核心指标,为客观揭示教育用地在科研及社会服务方面的投入产出状况,同时考虑数据的可获取性,增加土地利用效率来表征高校土地利用效益,建立三个目标层共 8 项指标的评价指标体系(表 3-24)。

表 3-20 教育功能区设定指标与规程指定指标比较表

TD/T1018—2008 指定指标	选择要求	研究设定指标
综合容积率(必选)	√	综合容积率
建筑密度(必选)	√	建筑密度
单位用地服务学生数(必选)	√	单位用地服务学生数
基础设施完备度(必选)	√	基础设施完备度
单位校舍用地服务学生数(备选)		地均教育经费投入
绿地率(备选)	√	绿地率
单位体育活动场地服务学生数(备选)		教学科研设施用地率
		生活服务设施用地率

对比规程指标(表 3-20),本研究首先选取规程中所有必选指标,然后根据调研情况选取部分规程中的备选指标。土地利用结构所选取的指标绿地率为规程中的相关指标,为了更好地把每个学校的集约利用情况表现出来,选取了教学科研设施用地率和生活服务设施用地率代替规程的单位体育活动场地服务学生数,规程中的单位体育活动场地服务学生数只能体现学校的体育设施用地,不能把生活和教学用地体现出来;土地利用强度所选取的两个指标为规程中的相关指标;土地利用效益所选的三个指标为规程中的相关指标。具体指标体系包括:教学科研设施用地率、生活服务设施用地率、绿地率、综合容积率、建筑密度、单位用地服

务学生数、地均教育经费投入、基础设施完备度。

表 3-21 工业功能区土地集约利用评价指标体系

目标层	指标	单位	指标解释
土地利用强度	综合容积率	无量纲	指工业功能区评价范围内已建成城镇建设用地内的总建筑面积与已建成城镇建设用地面积的比值
	建筑密度	%	指工业功能区评价范围内已建成城镇建设用地内的建筑基底总面积与已建成城镇建设用地面积的比值
	工业用地综合容积率	无量纲	指工业功能区评价范围内已建成工矿仓储用地上的总建筑面积与已建成工矿仓储用地面积之比
	工业用地建筑密度	%	指工业功能区评价范围内已建成工矿仓储用地上的建筑基底总面积与已建成工矿仓储用地面积之比
土地利用效益	单位用地固定资产总额	万元/hm²	指工业功能区评价范围内累计工业企业固定资产投资总额与已建成工矿仓储用地面积之比
	单位用地工业产值	万元/hm²	指工业功能区评价范围内工业总产值与开发区评价范围内已建成工矿仓储用地面积之比
基础设施情况	基础设施完备度	无量纲	指工业功能区评价范围内的水、电、路等基础设施的配套程度,采用等级赋值。5=非常完备,4=完备,3=基本完备,2=不完备,1=非常不完备。正向指标

表 3-22 商业功能区土地集约利用评价指标体系

目标层	指标	单位	指标解释
土地利用强度	综合容积率	无量纲	指商业功能区评价范围内的各类建筑总面积与土地面积的比值,反映土地的利用强度,属适度相关指标
	建筑密度	%	指商业功能区评价范围内的各类建筑基底面积占土地面积的比例

续 表

目标层	指 标	单位	指标解释
土地利用效益	单位用地从业职工数	人/hm²	指商业功能区评价范围内的从业职工人数与土地面积的比值
	单位用地营业额	万元/hm²	指商业功能区评价范围内的总营业额与土地面积的比值
基础设施情况	基础设施完备度	无量纲	指商业功能区评价范围内的水、电、路等基础设施的配套程度,采用等级赋值法,指商业功能区的服务半径
	商业辐射能力		

表3-23 居住功能区土地集约利用评价指标体系

目标层	指 标	单位	指标解释
土地利用强度	综合容积率	无量纲	指居住功能区评价范围内的各类建筑总面积与土地面积的比值
	建筑密度	%	指居住功能区评价范围内的各类建筑基底面积占土地面积的比例
	绿地率	%	指居住功能区评价范围内的绿地面积占土地面积的比例
土地利用效益	人口密度	人/hm²	指居住功能区评价范围内的居住人口与土地面积的比值
	房价地价比	无量纲	指居住功能区评价范围内的房价与所在级别的住宅基准地价或住宅基准地价中位值的比值
基础设施情况	生活服务设施完备度	无量纲	指居住功能区评价范围内的托、幼、学校、商店、菜场等设施的配套程度,采用等级赋值。5=非常完备,4=完备,3=基本完备,2=不完备,1=非常不完备。正向指标
	基础设施完备度	无量纲	指居住功能区评价范围内的水、电、路等基础设施的配套程度,采用等级赋值。5=非常完备,4=完备,3=基本完备,2=不完备,1=非常不完备。正向指标

表 3-24 教育功能区土地集约利用评价指标体系

目标层	指 标	单位	指 标 解 释
土地利用结构	教学科研设施用地率	%	指教育功能区评价范围内教学楼及配套设施用地面积与整个校园总面积的比值
	生活服务设施用地率	%	指教育功能区评价范围内教职工宿舍用地面积与整个校园总面积的比值
	绿地率	%	指教育功能区评价范围内的绿地面积占评价范围内土地面积的比例
土地利用强度	综合容积率	无量纲	指教育功能区评价范围内的各类建筑总面积与评价范围内土地面积的比值
	建筑密度	%	指教育功能区评价范围内的各类建筑基底面积与评价范围内土地面积的比值
土地利用效益	单位用地服务学生数	人/hm²	指教育功能区评价范围内的服务学生总数与评价范围内土地面积的比值
	地均教育经费投入	万元/hm²	指教育功能区评价范围内的经费投入与评价范围内土地面积的比值
	基础设施完备度	无量纲	指教育功能区评价范围内的水、电、路等基础设施的配套程度,采用等级赋值。5＝非常完备,4＝完备,3＝基本完备,2＝不完备,1＝非常不完备。正向指标

3.3 评价方法

本研究利用 RAGA-AHP 方法评价不同功能用地集约利用水平。首先对工业功能区、商业功能区、教育功能区和居住功能区的指标进行标准化处理,标准化处理采用极大极小值法;其次通过特尔斐法确定评价指标权重;最后用 RAGA-AHP 方法评价并分析各功能区土地集约利用情况。

3.3.1 RAGA – AHP

层次分析法(Analytical Hierarchy Process, AHP)是20世纪70年代由美国运筹学家萨蒂(Saaty, T.L.)教授首创的一种实用的多准则方法。它是一种将决策者对复杂系统的决策思维过程模型化、数量化的过程。运用这种方法,决策者通过将复杂问题分解为若干层次和若干因素,在各因素之间进行简单的比较和计算,就可以得出不同方案重要性程度的权重,为最佳方案的选择提供依据。这种方法有两个特点:一是思路简单,便于计算,容易被人接受;二是所需要的定量化数据较少,但对问题所涉及的因素及其内在关系分析得比较透彻。AHP决策分析法常被运用于多目标、多准则、多要素、多层次的非结构化的复杂地理决策问题。AHP决策分析方法的基本过程,大体可以分为如下6个基本步骤[93]:明确问题、建立层次结构模型、构造判断矩阵、层次单排序及其一致性检验、层次总排序、层次总排序的一致性检验。

AHP把一个复杂决策问题表示为一个有序的递阶层次结构,通过人们的比较判断,计算各种决策方案在不同准则及总准则之下的相对重要性量度,从而根据其对决策方案的优劣进行排序。这个过程的核心问题是计算各决策方案的相对重要性系数,而统计权数也正是一种重要性的量度。但AHP决策方法的最终目的是对所有评价项目做出"优劣"排序,并不特别在意权系数的精确程度。但统计权数却不同,它是作为计算总评价值的一个要素而存在的,不同的权数体系,对于评价结果的影响是很大的。因此,在引用AHP法构造统计权数时,必须选择那些精确度较高的方法。

本研究将实码加速遗传算法(Real coding based Accelerating Genetic Algorithm, RAGA)引入层次分析(AHP),以解决层次分析法中权数计算精度的不足。实码加速遗传算法(RAGA)是对标准遗传算法(Standard Genetic Algorithm, SGA)的改进,因为SGA采用的二进制编码虽然交叉、变异等方面遗传易于实现,便于利用模式定理对算法进行理论处理,但寻求效率较差,并不能保证全局收敛性[94],由于SGA不能保证全局收敛性,在实际应用中常出现在远离全局最优点的地方,SGA即停止寻优工作的情况。为此,可采用多次迭代将优秀个体区间与最优点的距离逐渐缩小,直到最优个体的优化准则函数值小于某一设定值或运行达到预定加速次数才结束整个算法运行,从而构建基于实码的加速遗传算法(RAGA)。

RAGA-AHP方法的基本思路为[95]:

步骤1:对所评价的复杂系统建立层次结构模型。为不失一般性,这里的层次结构模型由从上到下的目标层 A、准则层 B 和方案层 C 组成。A 层为系统的总目标,只有一个要素。C 层为要选用的实现系统总目标的 m 个决策方案 $C(C_1, C_2, \cdots, C_m)$。B 层为评价这些方案实现总目标的程度的 n 个准则 B_1, $B_2, \cdots, B_n$。这里,各层次中的目标、准则和决策方案统称为统要素。

步骤2:构造 B 层判断矩阵为 $B = \{b_{ij} \mid i,j = 1 \sim n\}_{n \times n}$,其中对应于 B 层要素 B_k 的 C 层的判断矩阵为 $\{C_{ij}^k \mid i,j = 1 \sim m; k = 1 \sim n\}_{m \times m}$。

步骤3:层次各要素的单排序及其一致性检验,就是要确定同一层次各要素对于上一层次某要素的相对重要性的排序权值并检验各判断矩阵的一致性。设层各要素的单排序权值为 $\{w_k \mid k = 1 \sim n\}$,且满足 $w_j > 0$,和 $\sum_{i=1}^{n} w_k = 1$。根据判断矩阵 B 的定义,理论上有:

$$b_{ij} = \frac{w_i}{w_j} \quad i,j = 1 \sim n \tag{3.1}$$

矩阵 B 具有如下性质:

① $b_{ii} = \frac{w_i}{w_i} = 1$;② $b_{ji} = \frac{w_j}{w_i} = \frac{1}{b_{ij}}$;③ $b_{ij} b_{jk} = \left(\frac{w_i}{w_j}\right)\left(\frac{w_j}{w_k}\right) = \frac{w_i}{w_k}$

其中:称性质①为判断矩阵的单位性;称性质②为判断矩阵的倒数性;称性质③为判断矩阵的一致性条件,它表示相互关系可以定量传递。例如,若要素 i 比要素 j 重要 2 倍,要素 j 比要素 k 重要 3 倍,则要素 i 比要素 k 重要 6 倍。性质③也是性质①和性质②的充分条件:因为 $b_{ii} b_{ii} = b_{ii}$,所以 $b_{ii} = 1$;又因为 $b_{ij} b_{ji} = b_{ii} = 1$,所以 $b_{ji} = 1/b_{ij}$。

现已知判断矩阵 $B = \{b_{ij}\}_{n \times n}$,来推求各要素的单排序权值 $\{w_k \mid k = 1 \sim n\}$。若判断矩阵 B 满足式(3.1),决策者能精确度 w_i/w_j,即 $b_{ij} = w_i/w_j$,判断矩阵 B 具有完全的一致性,于是有

$$\sum_{k=1}^{n}(b_{ik}w_k) = \sum_{k=1}^{n}(w_i/w_k)w_k = nw_i, i=1\sim n \quad (3.2)$$

$$\sum_{i=1}^{n} |\sum_{k=1}^{n}(b_{ik}w_k) - nw_i| = 0 \quad (3.3)$$

当式(3.2)、式(3.3)成立时判断矩阵 B 具有完全的一致性。基于此，B 层各要素的单排序及其一致性检验问题可以归结为如下优化问题：

$$\min CIF(n) = \sum_{i=1}^{n} |\sum_{k=1}^{n}(b_{ik}w_k) - nw_i|/n (w_j > 0, k=1\sim n, \sum_{i=1}^{n} w_k = 1)$$

(3.4)

式中，$CIF(n)$ 为一致性指标函数（Consistency Index Function），单排序权值 $\{w_k | k=1\sim n\}$ 为优化变量，其余符号同前。当判断矩阵 B 具有完全的一致性时，式(3.1)成立，从而式(3.4)取全局最小值 $CIF(n)=0$，又根据约束条件 $\sum_{i=1}^{n} w_k = 1$ 知，该全局最小值是唯一的。

式(3.4)是一个常规方法较难处理的非线性优化问题。模拟生物优胜劣汰规则与群体内部染色体信息交换机制的加速遗传算法（RAGA），是一种通用的全局优化方法，用它来求解该问题则十分简便而有效。当 $CIF(n)$ 值小于某一标准值时，可认为判断矩阵 B 具有满意的一致性，据此计算的各要素的单排序权值 w_k 是可以接受的；否则就需要反复调整判断矩阵 B，直到具有满意的一致性为止。

同理，由 C 层各判断矩阵 $\{C_{ij}^k\}_{m\times m}$ 可确定 C 层各要素 i 对于 B 层 k 要素的单排序权值 $w_i^k, i=1\sim m$，以及相应的一致性指标函数 $CIF^k(m), k=1\sim n$。当 $CIF^k(m)$ 值小于某一标准值时，可认为判断矩阵 $\{C_{ij}^k\}_{m\times m}$ 具有满意的一致性，据此计算的各要素的单排序权值 w_i^k 是可以接受的；否则就需要反复调整判断矩阵 $\{C_{ij}^k\}_{m\times m}$，直到具有满意的一致性为止。

步骤 4：层次总排序及其一致性检验，即确定同一层次各要素对于最高层（A 层次）要素的排序权值并检验各判断矩阵的一致性。这一过程是从最高层次到最低层次逐层进行的。这里，B 层各要素的单排序权值 $w_k(k=1\sim n)$ 和一致性指标函数 $CIF(n)$ 同时也是 B 层总排序权值和总排序一致性指标函数。C 层各要素的总排序权值为：

$$w_i^A = \sum_{i=1}^{n} w_i \, w_i^k (i=1 \sim n) \tag{3.5}$$

总排序一致性指标函数为：

$$CIF^A(m) = \sum_{i=1}^{n} w_k \, CIF^k(m) \tag{3.6}$$

当 $CIF^A(m)$ 值小于某一标准值时，可认为层次总排序结果具有满意的一致性，据此计算的各要素的总排序权值 w_i^A 是可以接受的，否则就需要反复调整有关判断矩阵，直到具有满意的一致性为止。

步骤 5：根据 C 层各要素的总排序权值 $w_i^A(i=1 \sim m)$ 确定各决策方案的优选排序，从而为决策者选择最优方案提供科学的决策依据。

本研究邀请了安徽省国土资源厅、安徽省土地勘测规划院、合肥工业大学、南京大学、南京农业大学、南京工业大学、南京财经大学等单位从事于土地资源管理研究的 11 位专家，对各层次要素权重进行打分（附录 A）。

3.3.2 指标标准化

各指标之间由于其量纲、经济意义、表现形式以及对总目标的作用彼此不同，不具有可比性，必须对其进行无量纲化处理[96]，消除指标量纲影响后才能计算综合评价结果。

本研究采用极值法，也叫离差标准化，极值法是把研究的对象或变化过程假设成某种理想的极限状态进行分析、推理、判断的一种思维方法；是将题设构造为问题的两个极端，然后依据有关化学知识确定所需反应物或生成物的量的解题方法。极值法的特点是"抓两端，定中间"。极值处理法把数据映射到 0~1 范围之内处理，更加便捷快速，按式(3.7)计算：

$$x_{ij} = \frac{x_{ij} - m_j}{M_j - m_j} \tag{3.7}$$

式中，$m_j = \min(x_{ij})$，$M_j = \max(x_{ij})$。

3.4 评价结果及分析

通过 RAGA-AHP 方法计算出不同功能区土地利用集约度,对不同城市同一功能区集约利用进行差异分析。分析产生差异原因,为不同功能区土地集约利用政策提供依据。

3.4.1 工业功能区

3.4.1.1 不同类型企业土地利用强度

工业企业类型的选择依据安徽省产业调整与振兴规划纲要,同时兼顾调研获取数据的情况,剔除各类型中样本较少的企业。基于以上考虑,本研究重点关注和分析的企业类型为:纺织企业(17),纺织服装、鞋、帽制造企业(18),化学原料及化学制品企业(26),金属制品企业(34),通用设备制造企业(35),专用设备制造企业(36),交通运输设备制造企业(37),电器机械及器材制造企业(39),电子制造企业(40)。

从以上 9 种类型工业企业的土地利用强度来看(图 3-5),建筑密度偏低,维持在 0.35~0.5 之间,且各类型间相差不大;企业用地的容积率低,9 种类型企业的容积率集中 0.6~1.0 之间,电器机械及器材制造企业的容积率为 0.98,在各类型中最高。把调研中获得的不同类型企业的容积率及建筑密度与用地标准进行对比(表 3-25),可以发现,金属制品企业(34)和电器机械及器材制造企业(39)的建筑密度小于安徽省建设用地的规定标准,其他各类型企业的建筑密度都略大于规定的标准值。容积率的偏差较大,在 9 中类型企业中,纺织企业(17),纺织服装、鞋、帽制造企业(18),交通运输设备制造企业(37)和电器机械及器材制造企业(39)的容积率比规定的标准值小,其中纺织服装、鞋、帽制造企业(18)的容积率为 0.69,比规定的标准值 1.00 相差甚远。

图3-5 不同类型工业企业土地利用强度图

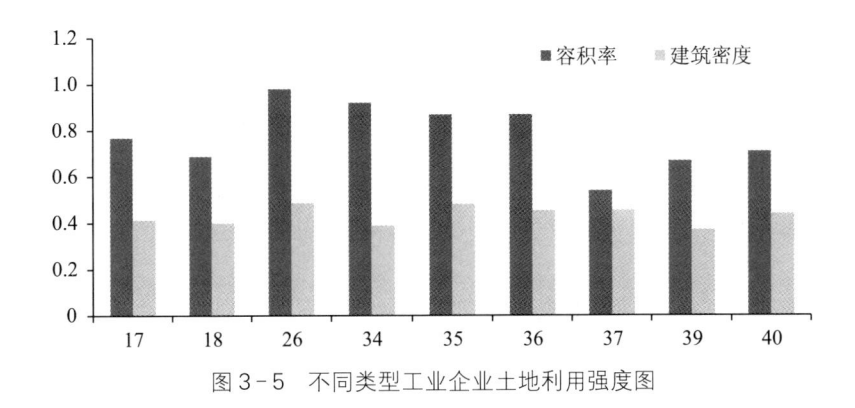

表3-25 不同类型工业企业土地利用强度与安徽省建设用地标准对比

企业类型	行业代码	容积率 研究区	容积率 标准(2013)	建筑密度 研究区	建筑密度 标准(2013)
纺织企业	17	0.77	≥0.8	0.41	≥40%
纺织服装、鞋、帽制造企业	18	0.69	≥1.0	0.40	≥40%
化学原料及化学制品企业	26	0.81	≥0.6	0.49	≥40%
金属制品企业	34	0.92	≥0.7	0.39	≥40%
通用设备制造企业	35	0.87	≥0.7	0.48	≥40%
专用设备制造企业	36	0.87	≥0.7	0.45	≥40%
交通运输设备制造企业	37	0.54	≥0.7	0.46	≥40%
电器机械及器材制造企业	39	0.98	≥0.7	0.37	≥40%
电子制造企业	40	0.71	≥0.7	0.44	≥40%

注：容积率和建筑密度标准来自于《安徽省建设用地使用标准(2013年)》，其中，选择企业为所选功能区内部分企业。

建筑密度方面，区域之间相差不大，各企业之间差距也不明显。总体上看，淮北市的建筑密度要比黄山市和芜湖市的建筑密度低(图3-6)。容积率方面，区域之间以及各类型企业之间容积率上的差异比在建筑密度上的差异要显著，芜湖市和黄山市的容积率差异不大，但明显高于淮北市(图3-7)。

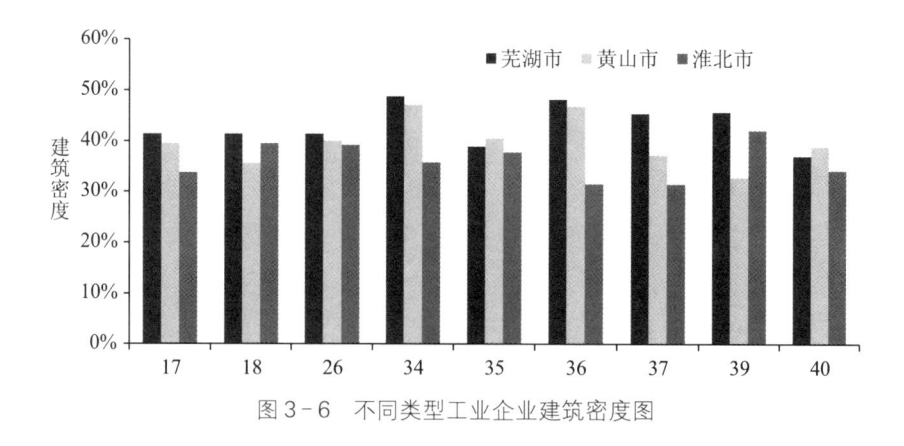

图 3-6　不同类型工业企业建筑密度图

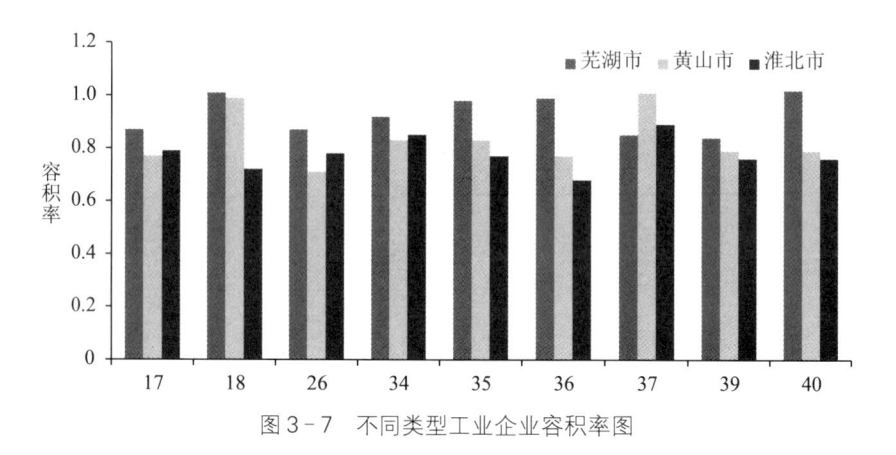

图 3-7　不同类型工业企业容积率图

3.4.1.2　不同工业功能区土地利用强度

从土地利用强度来看(图 3-8),芜湖市 3 个工业功能区综合容积率和建筑密度:芜湖高新技术产业区为 0.72 和 39.16%,三山经济开发区为 0.24 和 15.87%,芜湖经济开发区为 0.89 和 37.67%。淮北市 2 个经济开发区综合容积率和建筑密度:淮北经济开发区为 0.58 和 18.75%,凤凰山经济开发区为 0.15 和 15.14%。黄山市 2 个经济开发区综合容积率和建筑密度:黄山经济开发区为 0.56 和 48.97%,黄山九龙经济开发区为 0.23 和 32.18%。三个区域的综合容积率和建筑密度都不高,工业功能区仍有进一步挖掘潜力的空间,可以进一步提高综合容积率和建筑密度。

图 3-8 工业功能区土地利用强度图

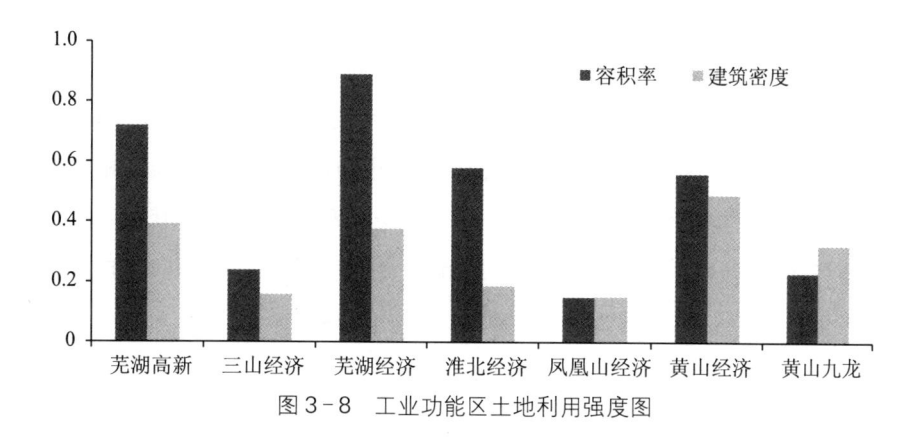

3.4.1.3 不同工业功能区土地利用效益

从土地利用效益来看(图 3-9),芜湖市 3 个工业功能区单位用地固定资产总额和单位用地工业产值:芜湖高新技术产业区为 5081.45 万元/hm² 和 6202.62 万元/hm²,三山经济开发区为 541.18 万元/hm² 和 642.97 万元/hm²,芜湖经济开发区为 6087.19 万元/hm² 和 7982.34 万元/hm²。淮北市 2 个经济开发区单位用地固定资产总额和单位用地工业产值:淮北经济开发区为 2413.55 万元/hm² 和 2747.79 万元/hm²,凤凰山经济开发区为 2213.56 万元/hm² 和 2563.45 万元/hm²。黄山市 2 个经济开发区单位用地固定资产总额和单位用地工业产值:黄山经济开发区为 2345.37 万元/hm² 和 1291.95 万元/hm²,黄山九龙经济开发区为

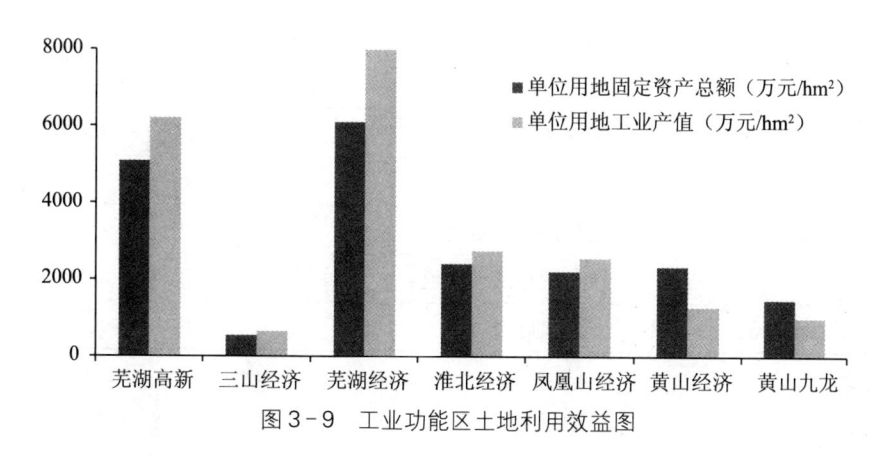

图 3-9 工业功能区土地利用效益图

1479.25万元/hm^{2}和1002.81万元/hm^2。对比分析，芜湖市3个功能区，芜湖高新技术产业区和芜湖经济开发区的土地利用效益较高，而三山经济开发区在三市中土地利用效益最低，由于三山经济开发区成立时间较短，还有很多企业没有入园，导致三山经济开发区土地利用效益较低。淮北市和黄山市2个功能区相对于芜湖市的芜湖高新技术产业区和芜湖经济开发区土地利用效益较低，其中黄山市的九龙经济开发区单位用地工业产值较低，由于黄山经济开发区成立时间较短，还有很多企业没有入园，导致黄山市土地利用效益较低。

3.4.1.4 不同工业功能区基础设施完备度

从基础设施完备度来看，芜湖市3个工业功能区中，三山经济开发区基础设施水平较低，芜湖高新技术产业区和芜湖经济开发区基础设施水平较高。淮北市2个工业功能区基础设施水平一般，黄山市基础设施水平一般。芜湖市三山经济开发区、淮北市2个工业功能区和黄山市2个工业功能区可以通过提高基础设施完备度来提高工业用地的集约利用。

根据RAGA-AHP评价方法，首先测算工业功能区土地集约利用评价指标的权重并检验结果(表3-26)，经过各指标数据的标准化后，测算得出三市工业功能区集约利用的评价结果(表3-27)。

表3-26 工业功能区评价指标权重表

因 素	权重	指 标	权重	权重值	层次总排序检验
土地利用强度	0.4	综合容积率	0.3	0.12	0.0000
		建筑密度	0.2	0.08	0.0000
		工业用地综合容积率	0.3	0.12	0.0000
		工业用地建筑密度	0.2	0.08	0.0000
工业用地投入产出效益	0.5	单位用地固定资产总额	0.4	0.20	0.0000
		单位用地工业产值	0.6	0.30	0.0000
基础设施情况	0.1	基础设施完备度	1.0	0.10	0.0000

表 3-27 工业功能区土地集约利用评价结果

城市	开发区名称	集约度
芜湖市	芜湖高新技术产业开发区	0.801
	三山经济技术开发区	0.031
	芜湖经济技术开发区	0.948
淮北市	淮北经济开发区	0.329
	凤凰山经济开发区	0.214
黄山市	黄山经济开发区	0.437
	黄山九龙低碳经济园	0.217

由表 3-27 可知，芜湖市三山经济技术开发区在所有工业功能区中集约度最低。综合对比分析可知，芜湖市工业用地集约度相比于其他两个城市集约度最高，黄山市工业用地集约度相对较高，淮北市工业用地集约度较低。芜湖经济技术开发区在所有工业功能区中集约度最高(0.948)，其次是芜湖高新技术产业开发区的工业用地集约度(0.801)，这两个开发区工业用地土地结构合理，各个指标因子值较理想，符合土地集约利用的发展要求，工业功能区土地集约利用评价宏观层次土地集约利用水平较高。芜湖三山经济技术开发区由于处于建设初期阶段，用地结构正在逐步调整和优化，土地集约利用水平最低(0.031)。黄山经济开发区工业用地利用结构较合理，基本符合土地集约利用的发展要求，用地结构的调整优化仍有一定空间(0.437)，黄山九龙低碳经济园土地开发程度较低，各项集约利用指标因子不理想，集约利用水平较低(0.217)。淮北市淮北经济开发区(0.329)和凤凰山经济开发区(0.214)的土地利用开发水平较低，各个集约利用指标因子值不理想，不符合土地集约利用的发展要求，用地结构的调整和优化还有很多空间。

3.4.2 商业功能区

3.4.2.1 土地利用强度

商业功能区的土地利用强度主要由综合容积率和建筑密度表达体现。对比三个典型城市的商业功能区土地利用强度，从图 3-10 中可以看出，芜湖市商业功能区综合容积率和建筑密度分别为 2.5 和 41.67%，淮北市商业功能区综合容积率和建筑密度分别为 1.88 和 37.67%，黄山市居住功能区综合容积率和建筑密度分别为 1.54 和 63.77%；三个城市对比，芜湖市综合容积率最高，黄山市建筑密度最高；但三个商业功能区的综合容积率和建筑密度均不高，商业功能区土地利用强度仍有较大的挖掘潜力，可以进一步提高综合容积率和建筑密度。

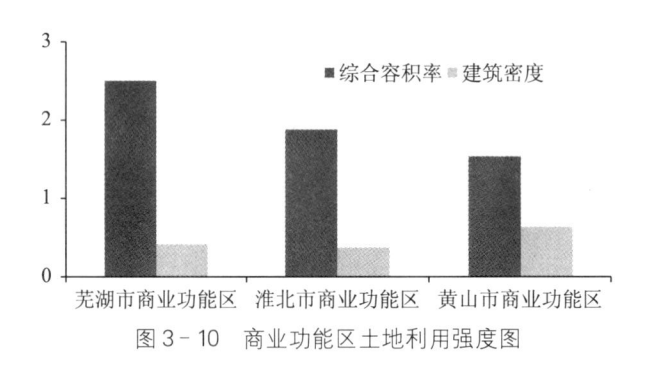

图 3-10 商业功能区土地利用强度图

3.4.2.2 土地利用效益

商业功能区的土地利用效益主要由单位用地从业人数和单位用地营业额体现。对比三个典型城市的商业功能区土地利用效益，从图 3-11 中可以看出，芜湖市、黄山市、淮北市的商业功能区单位用地从业人数和单位用地营业额分别为 121 人/hm² 和 510.4 万元/hm²，328 人/hm² 和 320.821 万元/hm²，171 人/hm² 和 414.4 万元/hm²。对比分析三个城市商业功能区土地利用效益，芜湖市和黄山市商业功能区土地利用效益较高，其单位用地营业额较高，但是单位面积从业人数

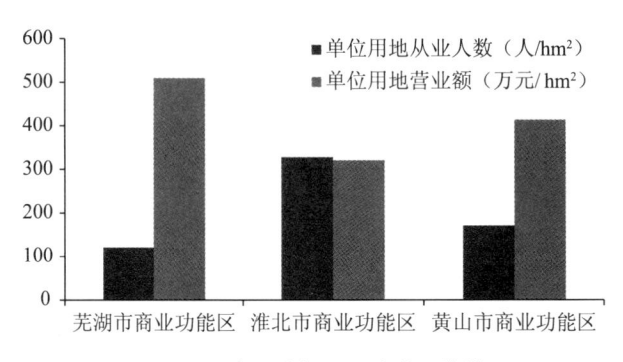

图 3-11 商业功能区土地利用效益图

较低,需要增加就业人数,来提高商业用地集约度。

3.4.2.3 *基础设施水平*

对比三个典型城市的商业用地基础设施水平,芜湖市的基础设施水平最高,旅游型城市黄山市次之,淮北市最低。芜湖市和黄山市的商业功能区建设更新较快,设施齐全,淮北市商业功能区的建设较陈旧,基础设施和商业辐射范围较小,淮北市需要对商业功能区进行基础设施改造,提高商业功能区的辐射范围。

根据 RAGA-AHP 评价方法,首先测算商业功能区土地集约利用评价指标的权重并检验结果(表3-28),经过各指标数据的标准化,测算得出三个城市商业功能区集约利用的评价结果(表3-29)。

表3-28 商业功能区评价指标权重表

因素	权重	指标	权重	权重值	层次总排序检验
土地利用强度	0.4	综合容积率	0.6	0.24	0.0000
		建筑密度	0.4	0.16	0.0000
土地利用效益	0.4	单位用地从业职工数	0.5	0.20	0.0000
		单位用地营业额	0.5	0.20	0.0000
商业配套及氛围	0.2	基础设施完备度	0.4	0.08	0.0000
		商业辐射能力	0.6	0.12	0.0000

表3-29 商业功能区土地集约利用评价结果

名称	集约度
芜湖市商业功能区	0.6645
淮北市商业功能区	0.2850
黄山市商业功能区	0.3190

由表3-29可知,芜湖市商业功能区集约度最高(0.6645),黄山次之(0.3190),淮北市最低(0.2850)。芜湖市商业功能区分布集中,土地利用结构较合理;黄山市商业功能区土地利用结构较合理,但是土地利用强度较低;淮北市商业功能区土地利用结构较合理,但是土地利用强度低,土地利用效率不高。芜湖市需要通过合理调整土地利用结构来提高商业用地集约利用;淮北市需要通过打造

综合商业体来提高商业用地集约利用;黄山市需要通过提高商业用地的综合容积率来提高商业用地集约利用。

芜湖市早期开发的商铺基本上都是以售为主的沿街商铺,业主自主经营;近期开发的商铺出现了商业街和商场,有统一的运营模式。实地调研可知,芜湖市的商铺夹杂着早期开发的商铺和近期开发的商场,早期的低层商铺综合容积率和建筑密度较小,近期的高楼商铺综合容积率和建筑密度较大,两者相融合工业型城市芜湖市商业用地集约度就较高。淮北市商铺基本上都是以零售为主的沿街商铺,商铺建立较早,商铺的综合容积率和建筑密度都很小,集约度不高。黄山市政府对旅游业投资较大,带动着商业的发展,商业圈的发展跟旅游业的发展有着正相关性,越接近旅游用地,商业圈越发达,商业用地的用地强度越高,远离旅游用地的商业圈较欠缺,商业用地强度较低。

3.4.3 居住功能区

3.4.3.1 土地利用强度

居住功能区的土地利用强度主要由绿地率、建筑密度和综合容积率表达体现。对比三个典型城市的居住功能区土地利用强度,从图3-12、表3-30中可以看出,芜湖市的居住功能区土地利用强度最高,淮北市和黄山市的居住功能区土

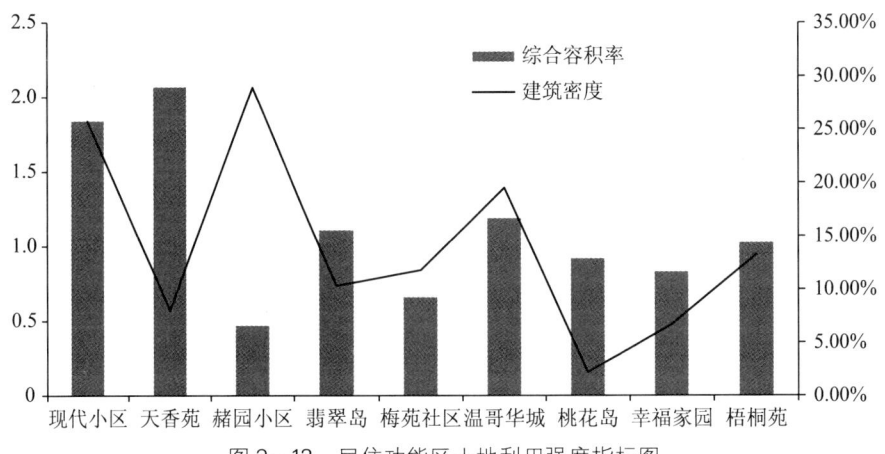

图3-12 居住功能区土地利用强度指标图

地利用程度相差不大。三个城市的综合容积率和建筑密度都不高,居住功能区尚需要进一步挖掘潜力,提高综合容积率和建筑密度,进而提高土地利用强度。

表3-30 居住功能区容积率与安徽省建设用地标准的比较

城市	名称	综合容积率	标准(2013)
芜湖市	现代小区	1.84	>1.0
芜湖市	天香苑	2.07	>1.0
芜湖市	赭园小区	0.47	>1.0
淮北市	翡翠岛	1.11	>1.0
淮北市	梅苑社区	0.66	>1.0
淮北市	温哥华城	1.19	>1.0
黄山市	桃花岛	0.92	>1.0
黄山市	幸福家园	0.83	>1.0
黄山市	梧桐苑	1.03	>1.0

注:容积率标准来自于《安徽省建设用地使用标准(2013年)》。

3.4.3.2 土地利用效益

居住功能区的土地利用强度主要由人口密度和房价地价比表达体现。对比三个典型城市的居住功能区土地利用效益指标,从图3-13中可以看出,淮北市居住功能区土地利用效益较高;芜湖市居住功能区整体人口密度较大,但是房价地价比较低,可以通过提高房价来提高土地利用效益;黄山市居住功能区整体人口密度较少,居住功能区内的入住率不高,可以通过提高入住率来提高土地利用

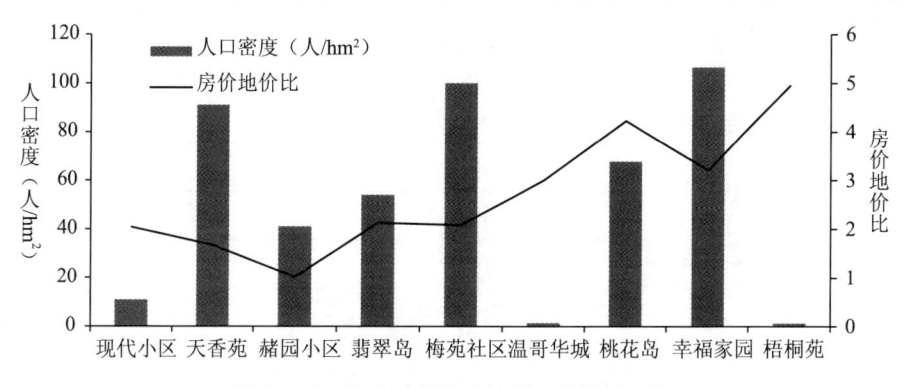

图3-13 居住功能区土地利用效益指标图

效益。

3.4.3.3 基础设施水平

对比分析三个典型城市的基础设施水平,资源型城市淮北市的基础设施水平较高,旅游型城市黄山市次之,工业型城市芜湖市最低。黄山市和淮北市的居住功能区为现代小区,设施较为完备。芜湖市居住功能区存在不少老旧小区,需要改造基础设施,提高基础设施的完备度。

根据 RAGA-AHP 评价方法,首先测算居住功能区土地集约利用评价指标的权重并检验结果(表 3-31),经过各指标数据的标准化,测算得出三个典型城市居住功能区集约利用的评价结果(表 3-32)。

表 3-31 居住功能区评价指标权重表

因素	权重	指标	权重	权重值	层次总排序检验
土地利用强度	0.3	综合容积率	0.4	0.12	0.0000
		建筑密度	0.4	0.12	0.0000
		绿地率	0.2	0.06	0.0000
土地利用效益	0.4	房价地价比	0.4	0.16	0.0000
		人口密度	0.6	0.24	0.0000
服务设施配套	0.3	生活服务设施完备度	0.5	0.15	0.0000
		基础设施完备度	0.5	0.15	0.0000

表 3-32 居住功能区土地集约利用评价结果

城市	功能区名称	集约度
芜湖市	现代小区	0.390
	天香苑	0.498
	赭园小区	0.296
淮北市	翡翠岛	0.374
	梅苑社区	0.346
	温哥华城	0.450

续 表

城市	功能区名称	集约度
黄山市	桃花岛	0.466
	幸福家园	0.509
	梧桐苑	0.612

由表3-32可知,三市居住功能区的土地集约度相差不多,其中黄山市的梧桐苑土地集约度最高(0.612);芜湖市的赭园小区集约度最低(0.296);淮北市的居住功能区集约度相对集中,集约度在0.346~0.450之间。结合实地调研情况,对比分析三市的居住功能区,淮北市和黄山市需要提高居住用地的土地利用强度来更好地提高居住用地的集约利用水平,芜湖市需要加强土地利用效益和基础设施完备度来提高居住用地的集约利用水平。

淮北市人均城镇工矿用地为223.03 m^2/人,芜湖市人均城镇工矿用地为248.21 m^2/人,黄山市的人均城镇工矿用地为199.23 m^2/人。由图3-14可知黄山市人均占地面积少,土地资源稀缺直接推动着黄山市居住功能区土地集约利用,黄山市的居住功能区内的建筑密度和容积率较大,居住功能区集约利用程度较高。

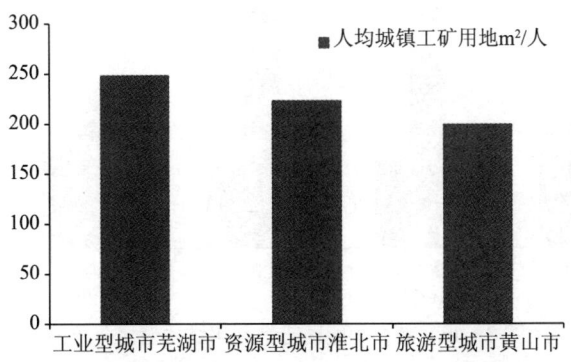

图3-14 芜湖、淮北、黄山三市人均城镇工矿用地面积图

3.4.4 教育功能区

3.4.4.1 土地利用结构

对比教育功能区不同类型用地的占比,从图3-15中可以看出,教育功能区内生活服务设施用地率最高,绿地率次之,教学科研设施用地率最低。这表明教育功能区内不同类型的用地比例在各城市的表现基本一致,其中教学科研设施作为高等院校重要组成部分,其用地比例仍有较大的提升空间。

对比三个典型城市的教育功能区用地结构,从图3-15中可以看出,芜湖市教育功能区内的生活服务设施用地率、绿地率均为最高;淮北市教育功能区教学科研设施用地率最高;黄山市教育功能区的以上三项评价指标均处于中低档。结合实地调研分析,可以得出:芜湖市由于近年来多个学校连片建设,新建校区注重校园绿化建设,使得土地利用结构中绿地比重较大;黄山市由于教育功能区内学校都属于老校区,各方面校园建设已经落后,因此土地利用结构也不尽合理;淮北市教育功能区的淮北师范大学规划建设较合理,特别突出了教学科研设施建设(教学科研设施用地率达到22.45%),因此土地利用结构也较为合理。

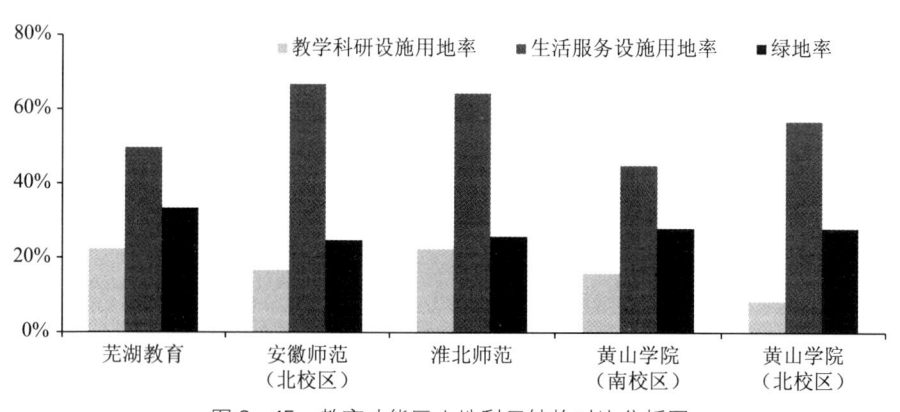

图3-15 教育功能区土地利用结构对比分析图

对比教育功能区建设用地指标与2013年安徽省建设用地使用标准(表3-33),可以看出,各类建筑平均楼层指标都大于标准规范值,而建筑密度指标相差较大。其中,芜湖市大学城、黄山学院南校区、黄山学院北校区的食堂、操场、会堂、仓库等建筑的建筑密度小于标准值。这表明各个教育功能区的土地利用结构均有待优化调整。

表3-33 不同用途建筑楼层及建筑密度与安徽省建设用地标准的比较

名 称	教室、图书馆、教工宿舍、学生宿舍等建筑 平均楼层 研究区	教室、图书馆、教工宿舍、学生宿舍等建筑 平均楼层 标准(2013)	教室、图书馆、教工宿舍、学生宿舍等建筑 建筑密度 研究区(％)	教室、图书馆、教工宿舍、学生宿舍等建筑 建筑密度 标准(2013)(％)	食堂、操场、会堂、仓库等建筑 平均楼层 研究区	食堂、操场、会堂、仓库等建筑 平均楼层 标准(2013)	食堂、操场、会堂、仓库等建筑 建筑密度 研究区(％)	食堂、操场、会堂、仓库等建筑 建筑密度 标准(2013)(％)
芜湖市大学城	5.00	≥4.5	27	≥23.5	1.25	≥1.5	30	≥31.5
安徽师范大学北校区	4.74	≥4.5	43	≥23.5	2.05	≥1.5	36	≥31.5
淮北师范大学	6.52	≥4.5	38	≥23.5	2.50	≥1.5	33	≥31.5
黄山学院北校区	4.75	≥4.5	24	≥23.5	2.00	≥1.5	27	≥31.5
黄山学院南校区	4.75	≥4.5	35	≥23.5	1.50	≥1.5	26	≥31.5

注：平均楼层和建筑密度标准来自于《安徽省建设用地使用标准(2013年)》。

3.4.4.2 土地利用强度

教育功能区的土地利用强度主要由综合容积率和建筑密度表达体现。对比三个典型城市的教育功能区土地利用强度，从图3-16中可以看出，淮北市教育功能区土地利用强度较高，芜湖市教育功能区土地利用强度次之，黄山市教育功能区土地利用强度最低。安徽师范大学北校区综合容积率最高，淮北师范大学次之，芜湖教育第三；淮北师范大学建筑密度最高，安徽师范大学北校区次之，黄山

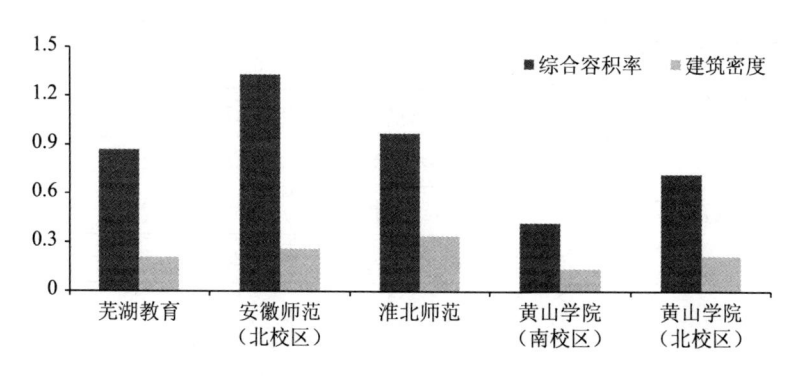

图3-16 教育功能区土地利用强度对比分析图

学院北校区第三。结合实地调研分析,可以得出:工业型城市芜湖市地势平坦,平原地带较多,人均占地面积较大,供地需求不紧张,新建高新区占地规模巨大,因此土地利用强度一般;资源型城市淮北市,资源性用地较多,人均占地面积较少,供地需求紧张,教育用地划拨较少,进而促进各高校提高用地率;旅游型城市黄山市由于长期高等院校发展建设水平较低,对教育用地需求不足,因此也导致教育功能区土地利用强度偏弱。

3.4.4.3 土地利用效益

对比三个典型城市的教育功能区土地利用效益度,资源型城市淮北市地均教育经费最高,芜湖次之,黄山最低。淮北市教育功能区所占比例很少,为了更好地发展淮北市教育体制,政府对教育的投资经费较多,地均教育经费较多。芜湖市教育资源较发达,教育资源的投入经费相对较多。黄山市教育资源体制不发达,政府对教育的投入不高,导致黄山市的教育功能区地均教育经费较低。

根据 RAGA-AHP 评价方法,首先测算教育功能区土地集约利用评价指标的权重并检验结果(表3-34),经过各指标数据的标准化,测算得出三个典型城市教育功能区集约利用的评价结果(表3-35)。

表3-34 教育功能区评价指标权重表

因 素	权重	指 标	权重	权重值	层次总排序检验
土地利用结构	0.25	教学科研设施用地率	0.40	0.10	0.0000
		生活服务设施用地率	0.40	0.10	0.0000
		绿地率	0.20	0.05	0.0000
土地利用强度	0.40	综合容积率	0.60	0.24	0.0000
		建筑密度	0.40	0.16	0.0000
土地利用效益	0.35	单位用地服务学生数	0.45	0.16	0.0000
		地均教育经费投入	0.35	0.12	0.0000
		基础设施完备度	0.20	0.07	0.0000

3 城市不同功能用地集约利用评价

表 3-35 教育功能区土地集约利用评价结果

名　　称	集约度
芜湖市大学城	0.538
安徽师范大学北校区	0.767
淮北师范大学	0.710
黄山学院北校区	0.163
黄山学院南校区	0.223

由表 3-35 可知,安徽师范大学北校区(0.767)和淮北师范大学(0.710)土地集约利用度较高,芜湖市大学城的土地集约利用度居中(0.538),黄山学院北校区(0.163)和黄山学院南校区(0.223)土地集约利用度较低。综合来看,芜湖市高等院校分布相对集中,但教育功能区非教学科研用地较多,土地利用率不高,土地利用结构有待调整优化;黄山市教育功能区土地利用结构较为合理,土地利用集约度相对较高;黄山市教育功能区土地利用集约度最低,且高等院校分布较为分散,与现阶段国家倡导大学城集中教育区相悖。

4 不同功能用地集约利用的驱动力分析

城市土地集约利用受多方面因素的影响。这些因素不仅有要素投入等内部因素,还有经济、社会及政策方面的外部因素。内部因素主要是土地、资本、技术等要素之间的替代效应;外部因素包括土地价格、城市发展规模、土地政策等方面。这些因素之间可能是相互作用、相互影响的,从而共同影响城市土地集约利用。

4.1 不同功能用地集约利用的内在影响因素

4.1.1 资本投入

4.1.1.1 工业功能区

资本是工业企业正常生产经营过程中的重要投入要素,其变化对土地要素的变化有显著的影响。资本不仅指金融资本,也包括厂房、设备等固定资本。[97]可从生产理论的角度分别分析产量保持不变、成本保持不变的情况下资本投入变化对工业土地集约利用的影响:(1) 在企业保持产量不变的前提下,并假设企业生产过程中劳动力及技术投入不变,只有土地投入和资本投入发生变化,企业在土地和资本两种投入品的情况下的等产量曲线为L(图 4-1),即用s单位的土地和v单位的资本可以获得产量L。当将资本的投入量增加到w单位时,土地的投入从s减少到r,此时产量保持不变。这样,在产量不变的条件下,资本替代土地的比率就是$-(r-s)/(w-v)$。在资本投入发生变化前即S点,单位面积土地上的

资本投入为 v/s,而资本投入增加后即 R 点,单位面积土地上的资本投入为 w/r。显然 $w/r > v/s$,说明当资本投入增加时,土地投入减少,单位面积土地上的资本投入增加,土地集约利用程度增加。同样的道理可得出,在产量保持不变的情况下,如果资本的投入量减少到 u,单位面积土地的资本投入为 u/t。因为 $u/t < v/s$,则单位面积土地上的资本投入减少,土地利用变得粗放。

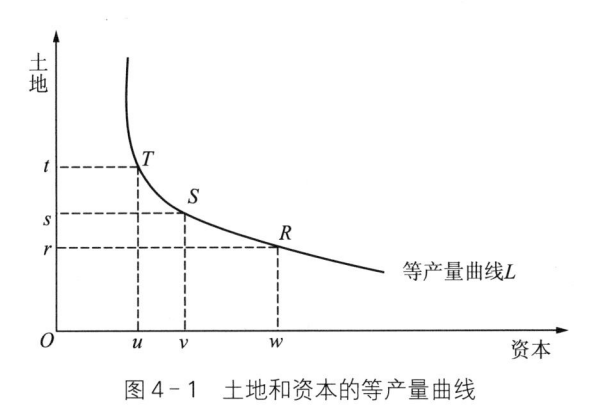

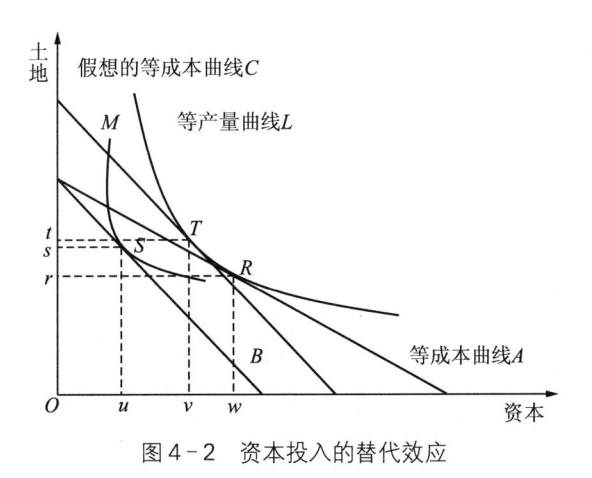

图 4-1 土地和资本的等产量曲线

图 4-2 资本投入的替代效应

(2) 在企业保持投入成本不变的前提下,并假设企业生产过程中资本及技术投入不变,只有土地投入和资本投入发生变化。当企业初始的等成本曲线 A 和等产量曲线 L 的均衡点为 R(图 4-2),此时单位土地面积上的资本投入为 w/r。当资本价格上涨(资本投入减少),由于企业总成本的制约,等成本曲线由 A 调整

为 B，相应的企业产量会减少，等产量曲线左移至 M，并在点 S 达到均衡。此时单位土地面积上的资本投入为 u/s，因 $u/s<w/r$，则土地集约利用程度降低。假设在资本价格提高时，能够提高企业的成本预算并调整土地投入，使企业停留在原等产量曲线 L 上。则意味着有一条与预算线 B 平行且与等产量曲线 L 相切的预算线 C，此时的均衡点为 T。替代效应为假定企业产量不变时，由资本价格变化引起的资本投入的变化，即 $w-v$。从假想的均衡点 T 向真正的新的均衡点 S 的移动 $v-u$ 为收入效应。这种运动不涉及价格的任何变化，因为在等成本曲线 B 和等成本曲线 C 上价格比率是相同的。

比较三市的工业功能区的固定资产投资额（图4-3）可知，三市中，芜湖市芜湖经济技术开发区资本投入最高，芜湖三山经济技术开发区资本投入最底。由工业功能区集约利用评级结果可知，资本投入最高的芜湖经济技术开发区土地集约度较高，而资本投入较低的三山经济技术开发区土地集约度较低。根据评价结果及相关理论分析可知，资本投入情况对工业功能区土地集约利用有一定的影响作用。

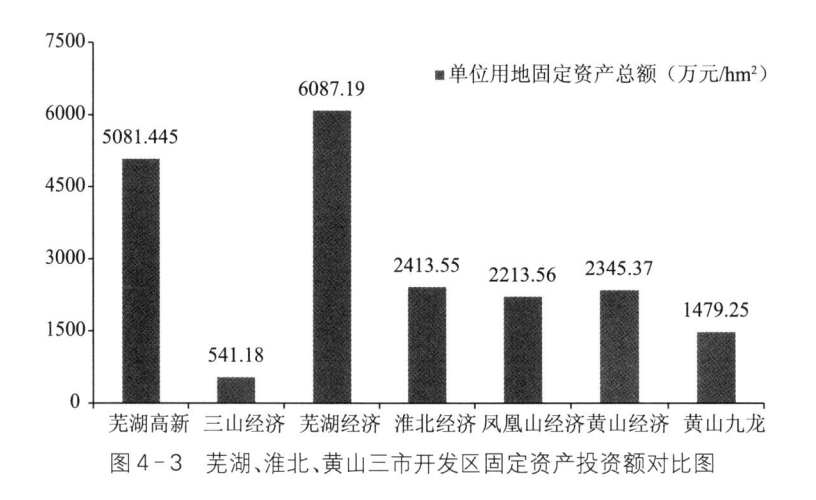

图4-3 芜湖、淮北、黄山三市开发区固定资产投资额对比图

4.1.1.2 商业功能区

商业功能区的资本的投入与商业的集聚度有一定的相关性，商业集聚度主要反映了一定地区商业设施形成规模的程度。根据《上海商业用地指南》（2006年版）中的定义，将商业区按照商业集聚程度分为商业集聚区、一般商业区和非

商业区。对于商业集聚区资金的投入多,一般商业区和非商业区的资金投入不高。三市所选取的商业功能区都是商业集聚区,商业区的资金投入都是较多的。资金投入多后,单位面积产值也会有所增多,分析商业功能区的指标体系,单位用地营业额显示了土地利用效益,资本的投入对商业功能区集约利用有一定的影响因素。

图4-4表明,芜湖市、黄山市、淮北市的商业功能区单位用地从业人数和单位用地营业额分别为121人/hm²和510.4万元/hm²,328人/hm²和320.8万元/hm²,171人/hm²和414.4万元/hm²。对比分析三个城市商业功能区土地利用效益,芜湖市商业功能区土地利用效益较高,其单位用地营业额较高,但是单位面积从业人数较少,需要提高就业人数,来提高商业用地集约度;黄山市单位用地单位营业额较高,但是单位面积从业人数较少,需要提高就业人数,来提高商业用地集约度。结合商业功能区土地集约利用评价结果,芜湖市商业功能区集约度最高,为0.6645;黄山其次,为0.3190;最低的为淮北市商业功能区,集约度为0.2850。可见,资本投入和产出效益对于商业功能区集约利用具有重要影响。

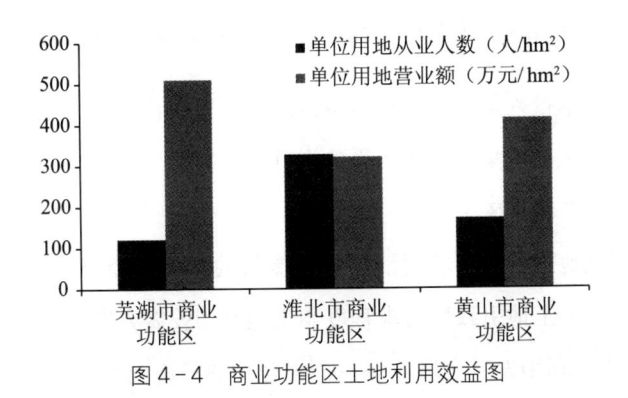

图4-4 商业功能区土地利用效益图

4.1.1.3 居住功能区

经济因素主要在于,随着城市经济的不断发展,各类城市土地需求不断增加,土地的稀缺性日益凸显,由于市场机制的作用,城市土地价格必然不断上扬,住宅开发商为获取利益最大化,将不得不提升单位土地面积上的资本投入量,来替代土地投入量,提高单位面积土地上的建筑空间产出,这将显著提升住宅区土地的

空间承载力,从而从根本上推动城市住宅区土地集约利用水平的提升,其影响机理如下:

假设住房生产函数为柯布道格拉斯(Cobb-Douglass)形式,即

$$H = H(L,K) = FL^{1-i}K^i \tag{4.1}$$

式(4.1)中,L 为土地投入量;K 为资本投入量,H 为居住建筑面积,F 和 i ($0 < i < 1$)是参数。假设开发商的目标在于经济利益的最大化,可将其目标函数表达为

$$M = pFL^{1-i}K^i - bL - cK \tag{4.2}$$

式(4.2)中,p 为住宅建筑面积的价格;b 为城市居住工地的价格;c 为银行利息,即城市资本的价格。式(4.2)通过数学变化后,可表达为

$$M = L\left[pF\left(\frac{K}{L}\right)^i - b - c\frac{K}{L}\right] = L(pFS^i - b - cS) \tag{4.3}$$

式(4.3)中,S 为资本密度,即单位土地面积上的资本投入量。令式(4.3)的一阶导数等于零,即求取式(4.3)括号中的多项式极值,在房地产市场均衡条件下,即开发利润 $M=0$,可得出 $S = \left(\frac{b}{pi}\right)^{\frac{1}{i-1}}$,其一级偏导数和二级偏导数都大于零,说明单位上地面积的资本投入量会随土地价格的增长而以更快的速率增长,从而在根本上促进城市住宅区土地集约利用水平的上升。[98]

4.1.1.4 教育功能区

人们利用土地进行生产经营活动的直接目的往往是经济效益,因此,社会经济发展水平决定了土地引致性需求程度与土地利用发展方向,是土地利用变化的有效驱动力,土地利用发展实质上是一个综合性的经济问题。[99]社会生产劳动过程中资本、劳动、土地和生产技术等要素的质量与配置情况决定着经济发展水平,从资源经济学的角度可以将上述要素分为土地资源及非土地资源,两者的投入组合决定了一定经济技术水平下的经济效益,为保持产出不变,一种资源的减少,则必须增加另一种资源的投入。[100]鉴于社会经济技术的不断发展,人们对经济发展过程中各类资源的优化配置、利用效率提出了更高要求,然而受限于土地资源的有限性、稀缺性,只有通过增加单位面积土地上资本、劳动、技术的投入,以达到更

高水平的产出,进而使土地资源利用逐步由粗放式转向集约化利用发展,提高土地利用效率,促进资源优化配置。

作为公共服务性用地,高校土地的经济效益难以进行利润等形式的指标量化,但可以通过成本的节约加以体现。如图4-5,近年来随着我国教育体制改革的深化发展,高校扩招带动了校园用地规模扩大,大学城圈地占地、耗巨资建豪华校园的现象屡见不鲜,这使得大多数高校陷入了高额负债的困境。负债危机从侧面敲响了高校用地风险的警钟,对高校教育资源投入的合理配置提出了更高要求。如何缓解高校用地压力,实现规模经济以降低投入成本,土地集约利用显然成了最有效的手段。

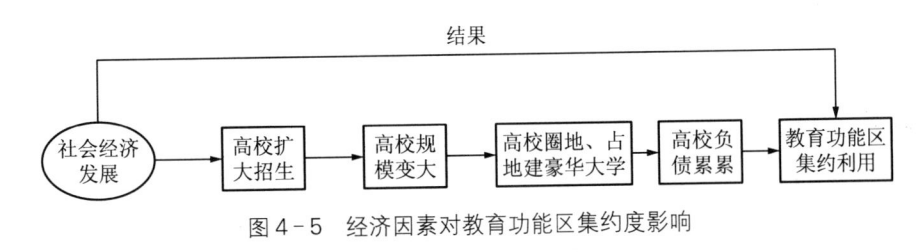

图4-5 经济因素对教育功能区集约度影响

社会经济的发展,对教育事业的投资也越来越多,如图4-6,可以看出,三市的教育功能区地均教育经费的投入都是大于3万的,政府对教育事业投入的加大,引起学校教学设施水平提高,促进教育功能区的土地集约利用。

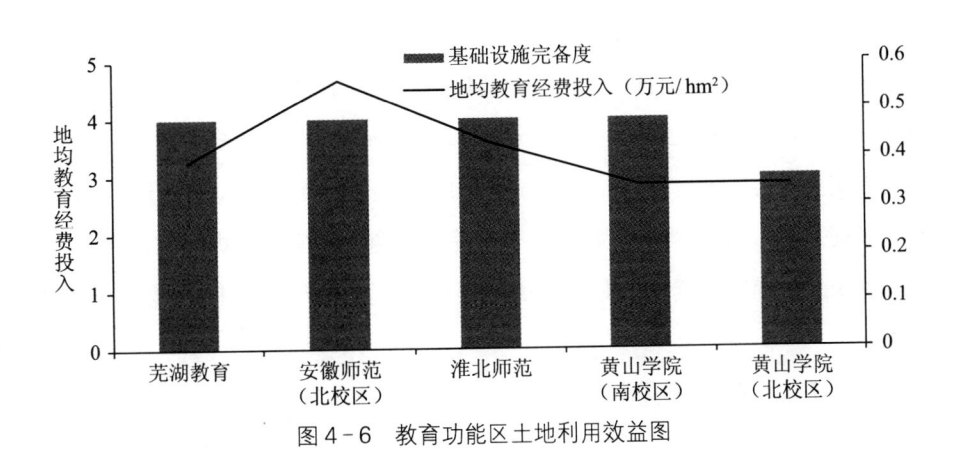

图4-6 教育功能区土地利用效益图

4.1.2 人口因素

人口因素对土地集约利用的影响主要可从人口规模、人口质量以及劳动力投入三个方面来分析。

(1) 区域的人口规模对土地集约利用的影响。区域人口增长加大了为满足就业、居住及商品的需求而对土地资源产生的巨大压力,从而就需要有更多的空间发展商业、工业和服务业。图4-7可知芜湖市、淮北市和黄山市人口数量逐年增长,而限于土地利用总体规划和城市规划的限制,在一定时期内各类用途的土地数量是有限的,因而必须提高土地利用程度,土地集约利用能力才能得以进一步提高。

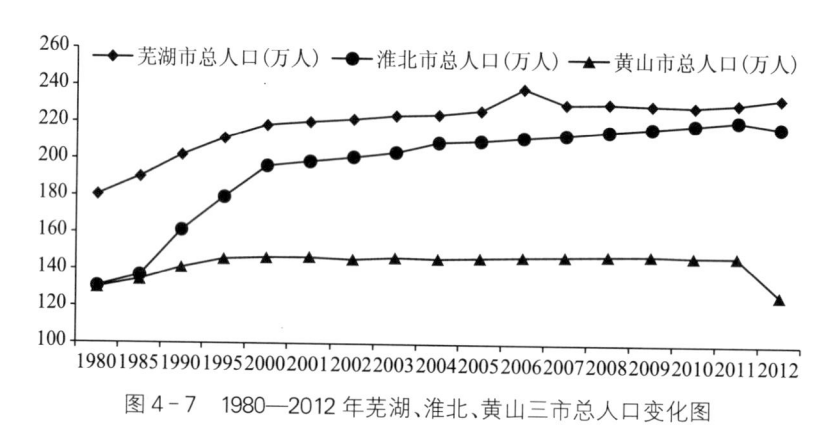

图4-7　1980—2012年芜湖、淮北、黄山三市总人口变化图

(2) 人口质量对土地集约利用的影响。人口的增长还伴随着人口质量的变化,而人口质量的不同也会对土地利用的集约度产生不同的影响。[101]当人口数量增加的同时,人口质量也同步上升,新增人口能迅速成长为人力资本,就有助于转化为现实生产力,从而促进技术进步,提高单位用地的利用效率,有利于土地利用集约度的提高。反之,当人口数量的增长并未伴随人口质量的提升时,低素质的人口增长只会导致对资源的更大压力,而不利于资源的集约利用和社会经济的持续发展。

4.1.2.1 工业、商业功能区

人口作为劳动力对工业用地和商业用地集约利用有显著影响。可从生产理论的角度分别分析产量保持不变、成本保持不变的情况下劳动力投入变化对工业

和商业土地集约利用的影响:(1)在企业保持产量不变的前提下,并假设企业生产过程中资本及技术投入不变,只有土地投入和劳动力投入发生变化。企业在土

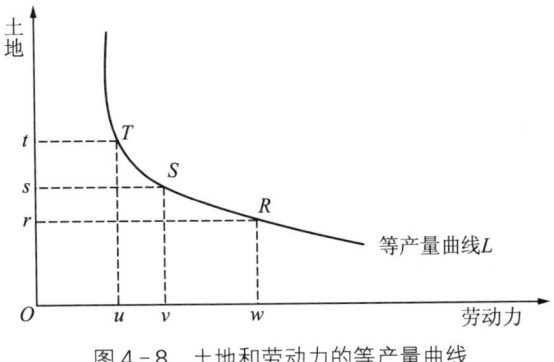

图 4-8 土地和劳动力的等产量曲线

地和劳动力两种投入品的情况下的等产量曲线为 L(图 4-8),即用 s 单位的土地和 v 单位的劳动力可以获得产量 L。当将劳动力的投入量增加到 w 单位时,土地的投入从 s 减少到 r,此时产量保持不变。这样,在产量不变的条件下,劳动力替代土地的比率就是 $-(r-s)/(w-v)$。在劳动力投入发生变化前即 S 点,单位面积土地上的劳动力投入为 v/s,而劳动力投入增加后即 R 点,单位面积土地上的劳动力投入为 w/r。显然 $w/r>v/s$,说明当劳动力投入增加时,土地投入减少,单位面积土地上的劳动力投入增加,土地集约利用程度增加。同样的道理可得出,在产量保持不变的情况下,如果劳动力的投入量减少到 u,单位面积土地的劳动力投入为 u/t。因为 $u/t<v/s$,则单位面积土地上的劳动力投入减少,土地利用变得粗放。(2)当企业保持投入成本不变的前提下,并假设企业生产过程中资本及技术投入不变,只有土地投入和劳动力投入发生变化。当企业初始的等成本曲线 A 和等产量曲线 L 的均衡点为 R(图 4-9),此时单位土地面积上的劳动力投入为 w/r。当劳动力价格上涨(劳动力投入减少),由于企业总成本的制约,等成本曲线由 A 调整为 B,相应的企业产量会减少,等产量曲线左移至 M,并在点 S 达到均衡。此时单位土地面积上的劳动力投入为 u/s,因 $u/s<w/r$,则土地集约利用程度降低。假设在劳动力价格提高时,能够提高企业的成本预算并调整土地投入,使企业停留在原等产量曲线 L 上。则意味着有一条与预算线 B 平行

且与等产量曲线 L 相切的预算线 C,此时的均衡点为 T。替代效应为假定企业产量不变时,由劳动力价格变化引起的劳动力投入的变化,即 $w-v$。从假想的均衡点 T 向真正的新的均衡点 S 的移动 $v-u$ 为收入效应。这种运动不涉及价格的任何变化,因为在等成本曲线 B 和等成本曲线 C 上价格比率是相同的。

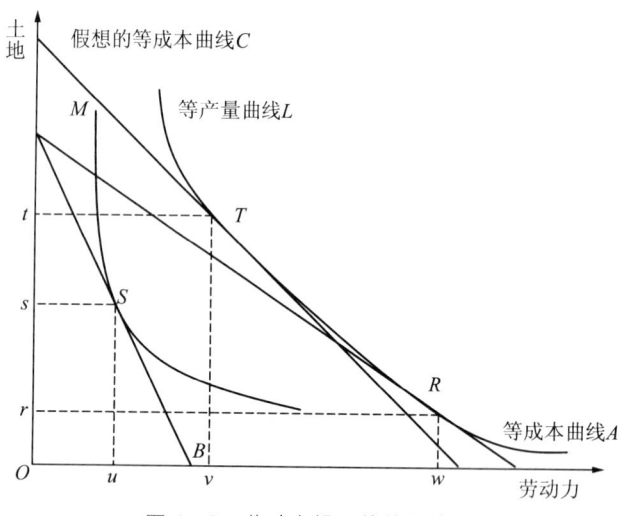

图 4-9 劳动力投入的替代效应

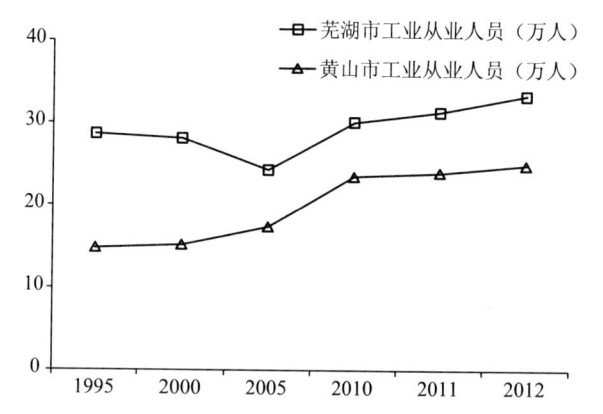

图 4-10 1995—2012 年芜湖市、黄山市工业从业人员对比图
(数据来源:《芜湖市统计年鉴 2013》《黄山市统计年鉴 2013》。)

对于工业功能区,工业产出过程就是劳动力利用其他生产要素,创造财富的过程。如图 4-10 所示,不管是工业型城市芜湖市,还是旅游型城市黄山市,工业从业人数都是在逐年增长,劳动力的增加,单位用地的工业总产值也必然增加,导致工业用地的集约利用。

对于商业功能区"人口"指的是商业功能区里面的从业人数。随着城市人口的不断增加,商业需求的总量也在不断增加,在土地数量相对稳定的条件下,只有通过不断提高土地的空间承载能力,即土地集约利用水平,才能满足商业发展的需求。在商业发展初期,供不应求,商业从业人口较少,随着商业的不断发展,商业从业人口也在增多(图4-11)。从业人口的增多,促进商业功能区的集约利用。

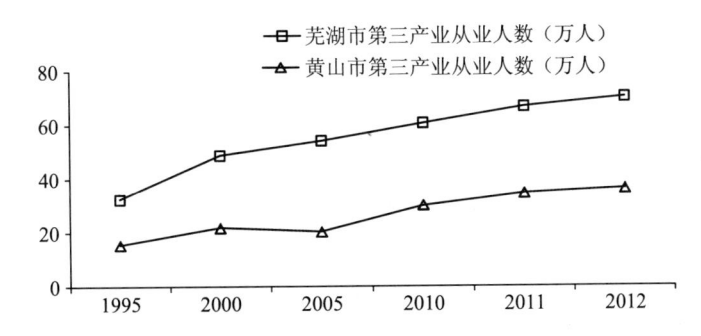

图4-11 1995—2012年芜湖市、黄山市第三产业从业人口对比图
(数据来源:《芜湖市统计年鉴2013》《黄山市统计年鉴2013》。)

一般而言,在人多地少、人地关系较为紧张的地区,由于土地的稀缺程度较高,理性的投资者会倾向于以更多的劳动力要素来替代土地,从而导致单位土地面积上较高的投入产出水平,即土地利用的集约度较高。而在人少地多,人地关系相对宽松的地区,土地要素对经济发展的制约作用相对较小,而经济发展的瓶颈制约可能转为资金、劳动力等其他要素。此时,理性的投资者势必会加大生产中对土地的投入而减少其他紧缺型要素的投入,实行土地对其他紧缺型要素的替代,导致土地的粗放利用。因此,人口因素是影响土地利用集约度的重要因素之一,这也是处于相近经济发展阶段的不同国家和地区会出现完全不同的土地利用结果的原因。[101]

4.1.2.2 居住功能区

人类的基本需求之一"住房",随着城市人口的不断增加,住房需求的总量也在不断增加,在土地数量相对稳定的条件下,只有通过不断提高住宅区土地的空间承载能力,即土地集约利用水平,才能满足"居者有其屋"或"住有所居"的基本住房需求。虽然现实中城市处于不断扩张中,城市土地数量不断增加,但我国正处于城市化的高峰期,城镇人口占总人口的比重越来越高(如图4-12),且城市人口的增长速度远远大于城市土地的增长速度,城市人口密度不断提高(如图4-13)这无疑是城市住宅区土地集约利用的直接驱动力;另外,我国社会的家庭结构已经由传统的复合家庭或直系家庭向核心家庭转变,家庭规模越来越小(图4-14),家庭规模越来越小,人口密度也越来越小,使得整个社会对住房数量的需求增加,迫使居住用地的空间承载功能必须不断增强。

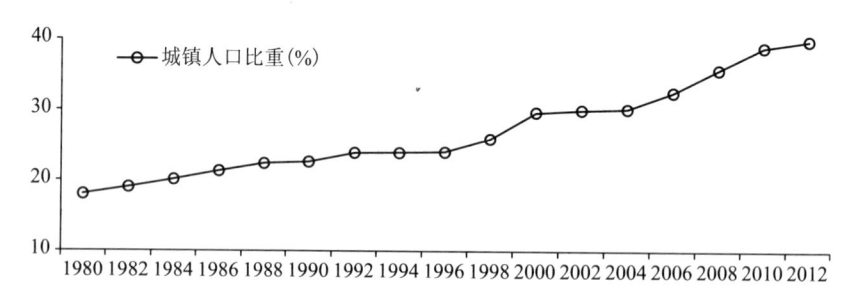

图4-12 1980—2012我国城市人口占全国总人口的比重图
(数据来源《中国统计年鉴2013》。)

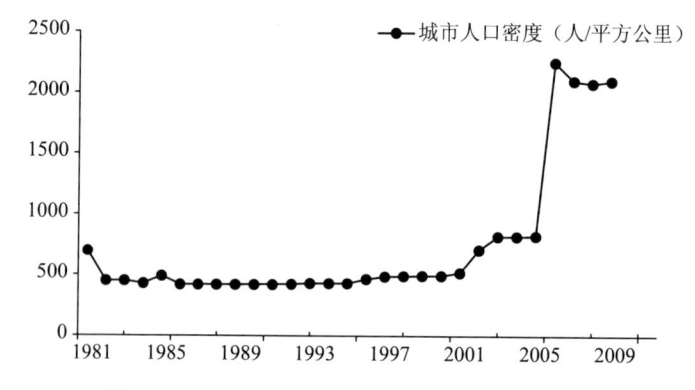

图4-13 1980—2009年我国城市人口密度变化图
(数据来源《中国统计年鉴2013》。)

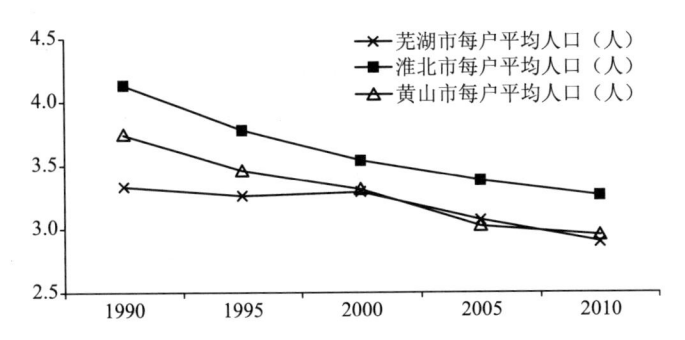

图 4-14　1990—2010 年芜湖、淮北、黄山三市每户平均人口变化图
(数据来源:《芜湖市统计年鉴 2013》《黄山市统计年鉴 2013》《淮北市统计年鉴 2013》。)

4.1.2.3　教育功能区

对于教育功能区劳动力指的就是学生生源和师资力量。教育功能区的集约利用,从根源上讲与学生数目有关,单位用地服务学生的人数,对教育功能区集约利用有一定影响力。近年来,芜湖市、黄山市和淮北市的高等院校校均学生数量产生差异性变化(图 4-15),其中,芜湖市处于平稳状态,而黄山市和淮北市的数值有所下降。根据在校生的数量规模,校园建设应考虑到土地的集约化利用,建筑向三维空间发展,校园、校舍追求最大的承载容量。

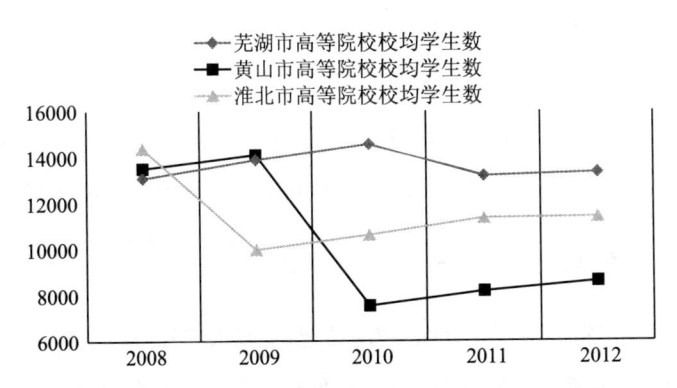

图 4-15　2005—2012 年芜湖、淮北、黄山三市高等院校校均学生数变化图
(数据来源:《芜湖市统计年鉴 2013》《黄山市统计年鉴 2013》《淮北市统计年鉴 2013》)

教育功能区土地利用产出过程就是师资利用等其他生产要素创造财富的过程。通过加强学校师资力量,提升建设师资力量的理念。在教育发展初期(图 4-

16)，教育用地产出的增长与师资的数量之间存在一定的正相关：师资的数量投入越大，土地产出效益往往越高。A 点的土地产出小于 B 点的土地产出，即 A 点的土地集约利用度要低于 B 点。相应地，A 点所需消耗 A_1 师资，B 点所需消耗 A_2 师资，A 点的师资数量投入小于 B 点。两者土地产出不同，所要求的师资投入也随之不同；师资要素与教育用地产出呈现了正相关关系。可见，教育用地集约利用需要一定数量的师资投入。

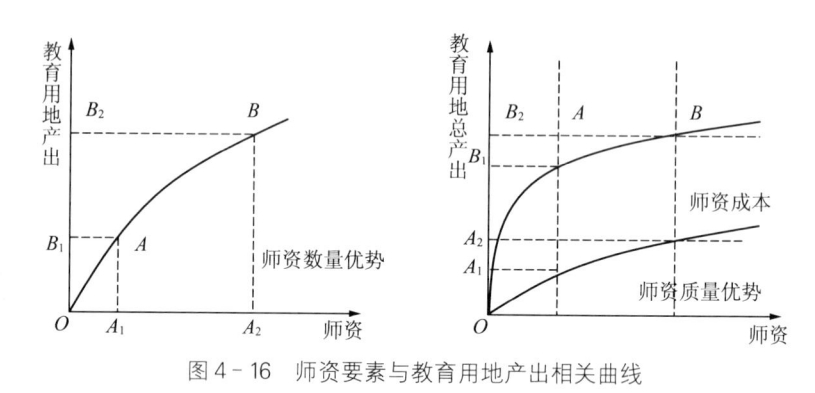

图 4-16　师资要素与教育用地产出相关曲线

学校应加强教师队伍建设以科学发展观为准绳，认真贯彻落实《义务教育法》《国务院关于基础教育改革和发展的决定》及《国家中长期教育改革和发展规划纲要》，以提高教师队伍整体素质为目标，以加强继续教育和岗位培训为重点，以优化教师队伍结构为突破口，加强教师师德师风建设、建立教师激励机制、合理安排教师岗位、加强骨干教师队伍建设、建立健全教师培训制度、深化教师人事分配制度改革实行全员聘用制，为教育功能区集约利用提供有力人才保障和智力支撑。

4.1.3　技术条件

土地利用由"粗放型"向"集约型"的转变，主要依靠提升生产要素的使用效率及其对产出的贡献率，土地利用效率的高低往往取决于科学技术水平，因此土地利用集约化程度的加深需要建立在科学技术水平提高的基础上的，技术要素对于土地产出的贡献始终保持上升趋势，并成为建设用地发展中的最活跃的要素之一。

4.1.3.1 工业功能区

技术进步是把一种从来没有过的关于生产要素和生产条件的"新组合"引入生产体系,这既代表了新技术的产生,同时也意味着更高的效率和价值。[103]技术进步对工业用地集约利用的影响也相当广泛而深入,是影响工业用地集约利用的重要因素之一,也是工业用地空间结构演化的动力,以及创造新的空间形态的活跃因素。

首先,建筑技术的发展如钢筋混凝土框架结构代替砖石成为承重结构、电梯技术的改进等,使建筑向空中和地下发展成为可能,从而提高了容积率及土地利用效率。尤其是土地供给有限的地方,高层建筑和多层厂房成为这些工业企业增加空间的有效方法。

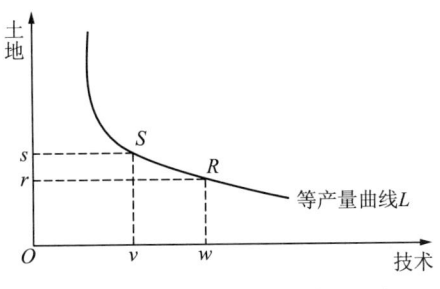

图 4-17 土地和技术的等量曲线

其次,单个企业生产技术的进步,为企业带来了超额利润。而超额利润的存在,其空间利用的外部约束放松,由技术创新带来的成本节约和增加的新产品、新功能,使企业在土地竞争中保持优势,导致了对城市功能的空间替代。技术进步后,企业、厂商在相同生产规模时对资源的利用量减少,尤其是对土地的利用量减少。企业技术投入的改变对土地集约利用的影响同样可以用成本理论来解释。图 4-17 中,由于技术的进步,技术的投入由原来的 v 增加到 w,在保持产量不变的条件下,土地投入可减少 $(s-r)$,即均衡点由 S 变为 R。单位土地面积上的技术投入由 v/s 增加到 w/r,土地集约利用度提高。图 4-18 中,在保持成本预算不变的前提下,随着技术的改进,技术的投入会增加,则等成本曲线右移,均衡点由 S 变为 R。单位土地面积上的技术投入由 u/s 增加到 w/r,土地集约利用程度提高。技术对土地的替代效应为 $v-u$。

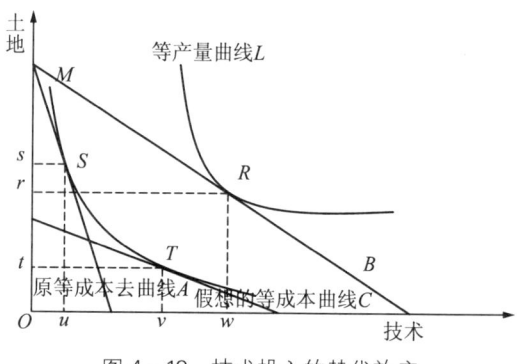

图 4-18 技术投入的替代效应

最后，社会技术进步能普遍提高社会生产能力，并促进土地集约利用。作为单个企业，其研发能力、引进技术力度的提高也能替代稀缺土地资源造成的限制，促进企业集约用地。但由于企业所处的行业不同，其技术利用率差异较大，从而造成土地集约利用程度的差异。比如技术密集型企业相对于劳动密集型企业的技术创新能力和技术应用能力都较强，因而土地的集约利用程度也较高。这就是不同行业土地集约利用差异的原因之一。

4.1.3.2 商业功能区

科学技术是生产力中最重要的因素。商品的包装、加工、装卸、运输、储存等技术的进步，以及电子计算机的应用，对商品流通网络布局有多方面影响，使传统布局形成发生变革。例如，存储技术的改进，可以使季节性商品（水果、蔬菜等）集中储存，再供应上市，实现供需时间平衡。又如，电子商务的开展、无人售货机的推广等，改变了传统的"面对面"的交易方式。技术的发展扩大的商业功能区的辐射范围，对商业功能区土地集约利用有一定的影响意义。

4.1.3.3 居住功能区

目前关于技术进步和创新的研究已经证明，技术进步对资源利用和环境保护等均具有正向作用，就资源来说，技术进步的主要作用在于能显著提高资源的利用效率，从而实现对资源的节约。技术因素对城市住宅区土地集约利用的影响包括两个大的方面，其一是建筑技术的不断改进，提升了土地空间的开发利用水平，这不仅能大幅度提高地上的建筑空间产出,也能挖掘地下的空间承载力,扩展住宅区土地的承载功能,更好地满足居民的多样化需求。

4.1.3.4 教育功能区

科学技术水平一般从建筑技术与产业结构调整两个角度对土地利用集约造成影响。建筑技术水平的提高促进土地资源多维立体开发,提高土地地上、地表、地下空间的利用强度,从而提高高校建筑的容积率和建筑密度,提高土地集约利用;科学技术水平的进步也会改变人们生产生活方式,使劳动力由一、二产业向二、三产业转移,同时也会带动产业结构向更高级别发展。在新的产业结构下,无论是人口容量、技术含量、投入产出效益都将高于前者,从而推动土地集约利用水平的提高。产业结构的升级也将带动产业空间布局的优化调整,表现出产业集聚现象,从而引起劳动、资本、技术等资源的集聚,使土地利用进一步向集约化发展。高知性、研究性的高校在科学技术发展过程中有着先导的作用,在科技进步的驱动下,高校校园建设将不断走向立体化发展,空间资源利用充分,校园结构也会日渐趋于人性化、紧凑化、合理化。

4.2 不同功能用地集约利用的外在影响因素

4.2.1 土地价格

土地价格是影响土地集约利用的重要因素,竞租理论提供了分析的框架(图4-19)。针对所有土地利用类型,在任何一个地段位置上,总是有一种用途比其他任何用途有更高的地租报酬。从单个经营者的经济立场和微观经济效益的角度来看,这种用途总是土地的最有效利用方式。竞租原理可方便地解释典型城市市区及周围土地利用的分配过程,其分配结果是随着离城市中心距离的增加,地租水平不断降低,土地用途依次为零售业、办公、住宅、工业和农业,土地集约利用程度逐渐降低。

同样,土地价格的高低是影响建设用地土地集约利用程度的最重要的因素之一。以工业用地为例,在图4-20中,企业投入土地和其他要素,等成本曲线为

图 4-19 竞租理论

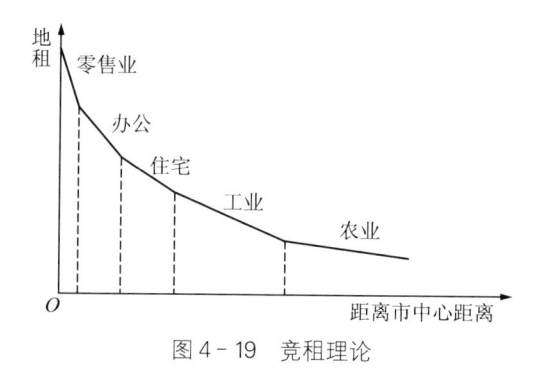

图 4-20 其他要素的替代效应

A，与等产量曲线相切，均衡点为 R。此时投入土地 w 单位，投入其他要素 r 单位，单位土地面积上的其他要素投入为 r/w。当土地价格上涨，在企业成本的限制下，等成本曲线左移至 B，等产量曲线为 M，并在点 S 达到均衡。此时投入土地 u 单位，投入其他要素 s 单位，单位土地面积上的其他要素投入为 s/u。由 $s/u > r/w$ 可知，当土地价格上涨后，单位土地面积上的其他要素投入增加，土地集约利用程度增加了。

然而，在我国工业化进程中，有较多地方政府压低工业土地出让价格，甚至以零地价进行恶性竞争，以吸引投资达到发展地方经济的目的。从图 4-21 中可以看出，在正常市场情况下工业用地的需求曲线 D 和供给曲线 S 在 A 点达到均衡，均衡价格为 P，此时工业用地的供给和需求数量为 Q。当地方政府进行工业用地地价竞争时，价格为 P_d，此时工业用地需求为 Q_{dD}，供给量为 Q_{dS}，缺口为 $(Q_{dD}-$

Q_{dS}),表现为工业用地供不应求,因而导致了大量的农用地被征用而转为工业用地。国家通过制定相关政策,规定了工业用地最低出让价格 P_t,供需缺口为(Q_{tD} $-Q_{tS}$),小于($Q_{dD}-Q_{dS}$),表明工业用地的供需矛盾得到了一定程度的缓解。如果国家制定的工业用地出让价格 P_g 高于市场均衡价格,则供给大于需求,余额为($Q_{gS}-Q_{gD}$)。在这个价格变动过程中,仍然可以用成本理论分析工业用地价格变化对土地集约利用的影响。这也是近年来国家不断通过调整工业土地最低出让价格促进土地集约利用的重要原因。

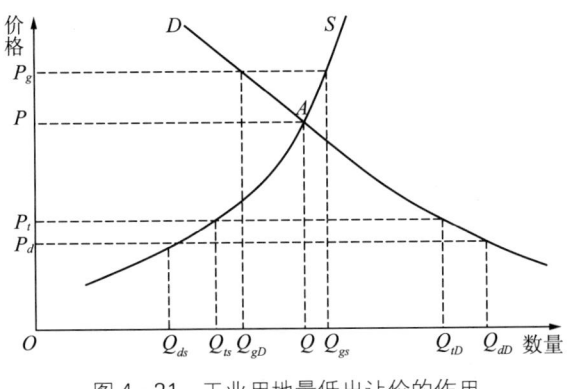

图 4-21 工业用地最低出让价的作用

芜湖、淮北、黄山三个城市的不同用途的基准地价能反映土地价格对集约利用的影响(表 4-1、表 4-2 和表 4-3)。商业用地、住宅用地和工业用地的土地价格从高到低的排序在三个市表现得十分一致。不同功能用地在空间上的分布表现为,商业用地集中在城市的中心、工业用地集中分布在城郊,而居住用地则分布在商业功能区和工业功能区之间;结合不同功能用地的土地价格,离城市中心距离越近,地价或地租越高,离城市中心距离越远,地价或地租越低。这与竞租理论是一致的。可见,通过市场中的价格机制能促使土地利用效用的最大化,从而促进土地集约利用,而政府应该通过对基准地价的调整达到土地集约利用的目的。

表 4-1 2012 年芜湖市基准地价表 （单位:元/m²）

土地级别	一	二	三	四	五	六	七	八	九
商业用地	6132	4086	2751	1830	1136	902	733	504	360

续　表

土地级别	一	二	三	四	五	六	七	八	九
住宅用地	3140	1735	1105	765	487	325	—	—	—
工业用地	380	358	340	300	270	—	—	—	—

（注：数据来源于2012年芜湖市基准地价报告。）

表4-2　2012年淮北市基准地价表　　（单位：元/m²）

级　　别	一	二	三	四	五	六
商业用地	2280	1250	900	500	245	165
住宅用地	950	650	380	220	150	—
工业用地	242	185	149	101	—	—

（注：数据来源于2012年淮北市基准地价报告。）

表4-3　2012年黄山市基准地价表　　（单位：元/m²）

土地级别	一	二	三	四	五	六
商业用地	3950	2500	1550	900	560	400
住宅用地	2000	1450	980	650	320	—
工业用地	工业控制区	215	180	150	—	—

（注：数据来源于2012年黄山市基准地价报告。）

4.2.2　政策制度

4.2.2.1　工业功能区

政策和制度对土地集约利用的影响在价格机制和用途管制两个方面体现得较为明显。土地利用政策引起土地价格的变化从而影响土地集约利用，这点在前面已经进行了阐述。这里重点分析政策通过用途管制来影响土地集约利用。土地利用政策对土地用途的限制具体体现在不同用途土地的数量上。对于工业用地而言，当土地利用政策缩减了工业用地供给量，如土地利用总体规划或城市规划减少工业用地的指标，则供给曲线向左移动（图4-22），均衡点由 A 变为 B，均衡价格由原来的 P_a 上升为 P_b。由土地价格变化对土地集约利用的影响的分析可知，土地价格上升将会促进土地集约利用。

土地利用规划和土地利用宏观调控都可通过土地用途管制来对土地集约利

4 不同功能用地集约利用的驱动力分析

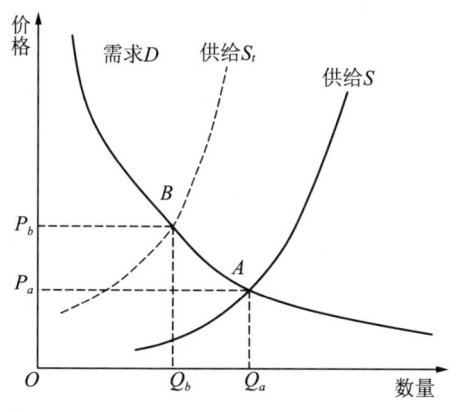

图 4-22 土地供给变化对均衡价格的影响

用实施影响。土地利用总体规划和城市规划确定了工业用地的规模和空间布局,促进了工业行业的空间集聚。而由于工业用地供给的有限性,其需求往往大于供给,致使工业用地的集约利用。工业产业规划在宏观上指明了未来工业发展的方向以及不同工业行业用地的要求,如对进入工业园区门槛的限定和对最低容积率的限制,也促进了土地的集约利用。国家政策在宏观上也指引着工业土地集约利用,如国家倡导土地节约集约利用的方针,以及工业用地最低出让价格的规定,都将有利于促进工业土地集约利用。但是,有种现象不能忽视,很多地方政府为了发展经济,给予较多政策上的优惠来吸引投资,特别是降低土地出让价格,甚至零地价来吸引投资,无疑损害了集约利用土地的宗旨,也扰乱了城市土地市场。

工业用地集约利用所产生的效益往往是长远和全局性的,而经营者常对短期利益和个人利益感兴趣,两者之间的矛盾需要政府制定政策来调节,对经营者的行为加以引导和约束,如土地利用总体规划、城市规划、工业产业规划、土地用途管制等政策。它们对工业用地的集约利用产生重要的导向作用。

4.2.2.2 商业功能区

我国 2004 年 10 月 1 日开始实施的新《零售业态分类》(GB/T18106—2004)国家标准,该分类规范对经营业态的定义、选址、规模、商品结构、经营方式、服务功能、目标顾客等都做了必要的规定。

《安徽省人民政府关于进一步强化土地节约集约利用工作的意见》(皖政

〔2013〕58号),限定了商品住宅用地宗地规模。大城市、中等城市、小城市(建制镇)商品住宅项目用地,宗地出让面积分别不得超过300亩、210亩和105亩。搭配方式供地超过上述宗地规模或者经营性用地单宗出让规模超过100亩的,须报省国土资源厅备案审查。

4.2.2.3 居住功能区

居住功能区土地集约利用是土地利用者在一定的制度约束下,通过成本—效益分析之后所做出的理性选择。一方面,单一功能的集约利用无论在建设过程中还是在销售过程中,都能带来管理成本的节约,使得土地利用者选择多功能平衡集约利用的意愿不强;另一方面,土地利用者为获得利益的最大化,会倾向于充分开发利用住宅区的每一寸土地,绿地面积、公共活动场所等都难以得到保障,在住宅市场供不应求的情况下,住宅区的整体居住环境将无限接近居民的最低接受限度,土地利用的环境效益和社会效益堪忧。因而,政策制度的约束是住宅区土地合理集约利用的重要影响因素之一。

政策因素对居住功能区土地集约利用的影响主要表现3个方面,如图4-23所示。一是前馈影响,即在住宅区土地利用之前,通过规划设计进行约束。我国建设部在1993年发布了《城市居住区规划设计规范》,2002年又颁布实施了其修订版本,这种设计规范属于强制性国家标准,其中详细规定了不同规模、不同地区住宅区的住宅建筑标准、配套公共服务设施要求、绿地面积控制比例、道路面积控制比例等,并提供了一系列的综合技术经济指标。在实践中,可以看到设计规范出台前与出台后的住宅区土地利用模式存在显著差异:20世纪90年代以前的住宅区不仅功能单一,且绿地和道路面积比例极小,公共服务设施也非常缺乏,而近年来的住宅区土地利用在这些方面有明显改善。

二是反馈影响,即在住宅区土地开发利用完成之后,通过评价制度设计进行约束,如包括《住宅性能评定技术标准》《绿色建筑评价标准》等在内的住宅性能认定制度。建设部于2006年3月发布施行《住宅性能评定技术标准》,分别从适用性能、环境性能、经济性能、安全性能和耐久性能等5个方面对住宅进行评价,这种认定结果便于消费者在对住宅项目全面了解后做出理智的选择,从而直接触及开发企业的根本利益,约束其土地集约利用行为。

三是,我国的住房制度改革和土地市场建设也是推动住宅区土地集约利用模式和程度转变的重要因素。首先,住房制度改革前,住宅区土地开发利用是以"单位制"的形式开展的,其主要目的在于满足本单位职工的居住需求,计划经济色彩异常浓郁;住房制度改革后,住房以商品的形式由市场提供,住宅区土地利用者"生产"的"产品"面向的是整个城市或更大范围的市场,需求者的范围显著扩大,需求种类也呈现多样化的趋势,这无疑会对住宅区土地集约利用行为产生影响。

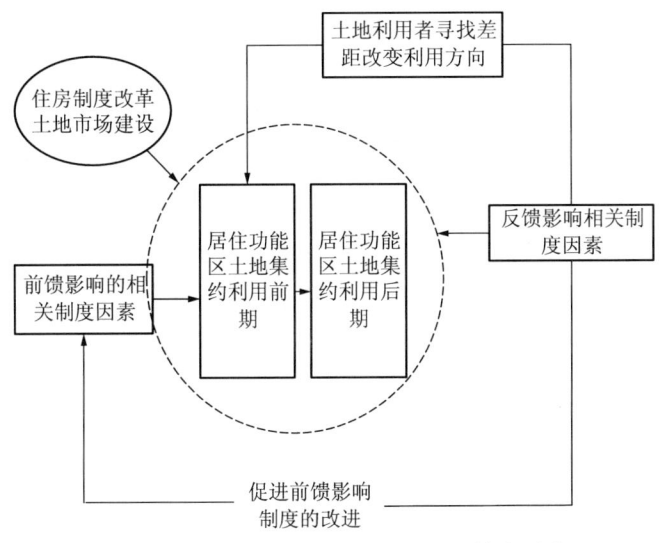

图 4-23 政策因素对居住功能区集约度影响

4.2.2.4 教育功能区

教育功能区用地是政府划拨用地,政府政策对教育功能区的集约利用有决定性的影响力。近年来,高等教育规模不断扩大,教育设施建设方兴未艾。各地人民政府对高等学校在建设用地和设施建设方面实行如下优惠政策。

(1) 建设用地方面优惠政策。各地在制定城市规划时,要为高校的长远发展留出足够的空间。凡列入高校发展的规划用地,不得另批他用。根据公办高校公益性强的实际情况和国家现行用地政策,公办高校建设用地免征水利建设基金、征地管理费、土地权属用途变更登记费、征地包干不可预见费、征地复测费;减半征收房屋拆迁管理费;按低限标准征收耕地开垦费、城市郊区菜地菜改费;新增建设用地从建设用地批准之日起,土地有偿使用费省级及以下部分缓交两年。按国家有关规定,对高校教学用房、办公室及食堂、宿舍用地免征耕地占用税。

（2）设施建设方面优惠政策。各地要为高校提供完善配套的市政公用设施,包括供水、供电、排污、周边道路等基础设施项目。高校教学、科研、后勤服务设施建设项目免收城市基础设施配套费、教育基础设施费、供电贴费、排污费、建筑行业劳保基金;在按有关规定积极使用新型墙体材料、散装水泥和建设人防工程的情况下,免收新型墙体材料发展基金、散装水泥基金、人防工程易地建设费等;减半征收煤气增容费、建设工程质量监督费、白蚁防治费;消防设施配套费、易地绿化建设费等,省政府已明文取消。

政府政策对教育用地集约利用的有一定的影响作用。政府政策越关注土地的集约利用,越具有操作性,则教育用地的集约利用将会受到更多的驱动作用。因此,在教育用地集约利用的过程中不能忽视政策的作用。

5 城市土地集约利用的空间分异及动态模拟

5.1 CA-Markov 模型设计

5.1.1 概念模型设计

根据标准 CA 模型的改进与扩展原理,从当前比较成熟的约束性 CA 模型概念出发可以实现土地利用变化中宏观、局部、微观控制因素的表达。[104] 在约束性 CA 模型中,CA 宏观控制因素对应全局约束性,CA 局部控制因素对应局部约束性,CA 微观控制因素对应强制约束性,虽然表达方式不同,但实质作用一致。在土地利用演化系统中,全局约束性主要用来反映一些影响土地利用变化的宏观性控制因素模型,如地形、宏观经济、外部交通状况等;局部约束性主要用来强调小范围内(邻域单元与中心单元)的差别和相互影响,如周围一定范围内基本上均为农田,势必影响其中少量的建设用地逐渐复垦为农业用地;强制约束性主要是规划、保护区等一些强制影响单元发展变化的因素。既然通过约束性概念可以表达标准 CA 模型的扩展原理,在约束性条件控制下 CA 能更好地表达真实世界未来发展变化情况,扩展 CA 的概念模型可以通过以下公式表达:

$$P_c^t\{x,y\} = f(S^t\{x,y\}, cons_{gd}^t, cons_{nd}^t, cons_{ld}^t, N) \\ = f(S^t\{x,y\}, CONS_d^t\{x,y\}, N) \tag{5.1}$$

式中, $P_c^t\{x,y\}$ 为 CA 转换概率, $S^t\{x,y\}$ 是 CA 状态, $cons_{gd}^t, cons_{nd}^t, cons_{ld}^t$ 分

别是全局、局部、强制性约束条件，N 是邻域范围；$CONS_d^t\{x,y\}$ 是总约束条件。上述概念模型可简化为

$$P_c^t\{x,y\} = f(S^t\{x,y\}, N) \times CONS_d^t\{x,y\} \tag{5.2}$$

总约束系数是标准 CA 扩展原理提到的宏观、局部、微观控制因素的综合，其值在约束性 CA 中就可以通过一系列的外部环境和局部相互作用来定义得到，取值范围在 0~1 之间。当值为 0 时，则在$\{x,y\}$位置上的元胞单元没有任何发展；而当值为 1 时，则该位置上的元胞单元发展没有任何约束。通过标准 CA 引入总约束条件，可以控制 CA 模型更真实地反映模拟对象的发展变化；同时，通过转换概率形式决定元胞单元下一步的发展，取代了复杂的 CA 转换规则的制定，较好地克服了标准 CA 的模拟局限性，有利于 CA 模型的实际应用。

对于各类约束性条件，可以通过多准则评价（Multi-Criteria Evaluation, MCE）方法计算总约束系数值，公式如下：

$$CONS_d^t\{x,y\} = (\sum_{i=1}^{k} W_i cons_{id}^t\{x,y\}) \prod_{i=k+1}^{n} cons_{id}^t\{x,y\} \tag{5.3}$$

式中，W_i 是权重，$cons_{id}^t\{x,y\}$ 是各类约束性因素。但本研究构建的扩展 CA 模型中，全局、局部以及强制性约束因素都是同等重要的，因此总约束性系数公式可以简化为

$$CONS_d^t\{x,y\} = \prod_{i=k+1}^{n} cons_{id}^t\{x,y\} \tag{5.4}$$

根据上述从约束性角度出发构建的概念模型，本研究结合 Markov, Logistic 等模型构建扩展 CA 模型，主要从三个方面进行改进与扩展。首先，以 Markov 总量预测控制 CA 迭代时间，解决标准 CA 抽象的迭代时间难以确定的问题；其次，通过元胞转换概率的计算解决复杂的 CA 转换规则难以制定的问题；最后，在整个模型中引入元胞生命机制，以更为合理、精确的模拟土地利用变化，需要指出的是，生命机制的体现主要通过对 CA 演化起主要影响的局部和自身状态这一属性来实现。

5.1.2 基于 Markov 总量预测的 CA 时间控制

马尔柯夫链（Markov Chain）模型是利用状态之间转移概率矩阵预测事件发

生的状态及其发展变化趋势,也是一种随时间序列分析法,它的特点是无后效性,根据事件的目前状况预测其将来各个时刻的变动状况,即若已知系统现在的状态,则系统未来状态的规律就可确定,而不管系统如何过渡到现在的状态,这就是应用马尔可夫链解决各种预报问题的基本思路。

由于土地利用变化具有 Markov 过程的性质,当土地政策基本平稳时,可以利用 Markov 进行土地利用总量预测,其模型如下式表示:

$$X_{i+i} = \overline{M} X_i \tag{5.5}$$

式中,X_{i+1},X_i 分别表示 $i+1$ 和 i 时段的土地利用系统状态;对某时段内的土地利用转移矩阵求解矩阵时间间隔的根,可以得到一段时间内逐年度土地利用转移概率矩阵 $\overline{M}$:

$$\overline{M} = M_i^{1/T_i} \tag{5.6}$$

式中,T_i 为第 i 阶段内间隔时间;M_i 为第 i 阶段概率转移矩阵,即从某一种状态出发,下一时刻转移到其他状态的可能性,称为状态转移概率,表达如下:

$$M = \begin{bmatrix} P & P_k \\ P_k & P_{kk} \end{bmatrix} (k = 1, 2, \cdots, n) \tag{5.7}$$

通过考察概率矩阵 M,则可预测土地利用系统内未来的发展变化。该矩阵不仅可以定量说明土地利用类型之间的相互转化状况,而且可以揭示不同土地利用类型之间的转移速率,从而为土地利用时空演变提供基础。

研究规定模型运行时当 CA 元胞数量迭代到 Markov 预测值[$X_{i+1} - N$,$X_{i+1} + N$]范围内(N 为控制阈值),模型迭代即停止。

5.1.3 基于 Logistic 回归的 CA 元胞适应度计算(全局性约束)

由于土地利用演化首先受到外部地质、地貌、生态、人口、经济社会等环境的制约,各土地元胞单元要素差异愈大,各种用地之间相互转换的适应度分化趋向愈强。

项目采用 Logistic 回归的概率作为 CA 计算的适应度属性,一个元胞单元的某种土地利用类型适应度值越大,当前元胞状态转换为该土地利用类型的概率就越大。目前,Logistic 模型已成功应用于城市空间变化、农业土地利用影响等研究。[105—107]公式如下：

$$prob(i_k) = E(Y_k \mid X_i) \text{ 且 } \sum_k Prob(i_k) = 1 \qquad (5.8)$$

对 Logistic 方程采用 Theil 正规化之后，可以简化为

$$Prob(i_1) = \frac{1}{1 + \sum_{j=2}^{n} \exp(\alpha_j + \beta_j X_i)}$$

$$Prob(i_k) = \frac{\exp(\alpha_k + \beta_k X_i)}{1 + \sum_{j=2}^{n} \exp(\alpha_j + \beta_j X_i)} \qquad (k = 2, \cdots, n) \qquad (5.9)$$

式中，$Prob(i_k)$ 表示地块单元 i 在状态 X_i 时，选择事件 Y_k，即选择第 k 种土地类型的概率（适应度）；X_i 为土地利用变化影响因素，如距公路的距离、坡度、人口分布等；$k \in$ {耕地，园地，林地，商服用地，金融用地，工业用地，交通用地，水域，未利用地……}。α 为回归常数，β 为 Logistic 回归系数。

对以上理论方程组求解，可以得到一定时期内元胞单元 i 从初始地类转换为土地利用类型 k 的概率集合，其中元胞概率最大值对应的地类，就是该元胞下一时刻可能转移的土地利用类型。研究主要保存各地类的元胞适应度计算作为 CA 全局转换概率，$Prob(i_k)$ 值在 [0,1] 之间。

5.1.4 基于生命机制的 CA 元胞邻域空间影响计算（局部性约束）

确定了 CA 全局适应度后并不能完全决定元胞下一时刻的转换状态，因为 CA 元胞演化不仅仅受到外部环境的影响，更主要的是受到其局部邻近空间的影响。本研究认为按一定规则划分的各土地单元是有生命特征的元胞系统，其状态演化的前提是最大限度地满足各生命元胞的欲望。欲望这里定义为元胞对适宜自身生存环境的需要，该需要选择体现了元胞的生存价值观。[108]在土地利用系统中，各地类元胞对周围环境的感知和影响存在差异，导致各地类的元胞欲望也存在极大的差异性，且元胞欲望值随着土地生命系统不同阶段的演化而动态变化。

本研究认为单个生命元胞的生存及发展不仅受其周边邻域空间元胞的影响，其自身也具有一定的遗传延续特性，因此本研究定义了两种元胞欲望类型，即邻

域欲望和遗传转化欲望,通过这两类元胞欲望值的计算来综合确定 CA 各元胞单元邻域空间的影响。

5.1.4.1 邻域欲望

邻域欲望即周围不同地类元胞对中心元胞转化为某种土地类型的偏好程度,即邻域元胞希望中心元胞转换为某种土地类型的期望值。设中心元胞 i 的邻居数目为 $Number_i$,任意邻居 j 希望中心元胞 i 演化为土地利用类型 m 的欲望值为 $CellDemand_{ijm}$,所有邻居希望中心元胞演化为土地利用类型 m 的欲望值为 $NDUseType_{im}$,M 为土地利用类型数目,则邻居欲望值 $NeiborDemand_i$ 计算如下:

$$NeiborDemand_i = \{NDUseType_{i1}, \dots, NDUseType_{im}, \dots, NDUseType_{iM}\}$$
(5.10)

$$NDUseType_{im} = \sum_{j=1}^{Number_i} CellDemand_{ijm}$$

式中,$CellDemand_{ijm}$ 表示邻域元胞 j 对中心元胞 i 转化为 1~M 类土地利用类型的偏好程度,取值规定可以为 0.0、0.25、0.5、0.75 或 1.0,分别表示厌恶、反感、无所谓、好感和欢迎等感情因素。

5.1.4.2 遗传转化欲望

遗传欲望系数即由于中心元胞历史状态延续性,而产生的对元胞保留当前土地类型以及转化为其它地类的期望值。设中心元胞 i 本身希望下一个土地类型为 m 的欲望值为 $CDUseType_{im}$,则遗传转化欲望值为 $InheritDemand_i$ 的计算如下:

$$InheritDemand_i = \{CDUseType_{i1}, \dots, CDUseType_{im}, \dots, CDUseType_{iM}\}$$
(5.11)

式中,$CDUseType_{im}$ 表示中心元胞 i 由于遗传特性而产生的保持自身状态 m 或转化为其他 1~M 种土地利用类型的偏好程度,其值依据区域年均土地利用转移概率矩阵由专家打分得到,值域在[0,1]之间。

5.1.4.3 综合欲望

邻域欲望和遗传传化欲望的影响不是一成不变的,随着 CA 迭代次数的不断增多,邻域元胞对中心元胞的影响是逐渐加深,有时往往能起到决定性的作用;而中心元胞自身的遗传及转化特性影响则是不断下降,因此本研究特别设置欲望变异系数 A 以更精确的构建扩展 CA 模型。

若记 $UseTypeDemand_{im} = A_{neibor} \times NDUseType_{im} + A_{inherit} \times CDUseType_{im}$,则某一时刻中心元胞的邻域综合欲望可表达为

$$TotalDemand_i = A_{neibor} \times NeiborDemand_i + A_{inherit} \times InheritDemand_i$$
$$= \{UseTypeDemand_{i1}, \cdots, UseTypeDemand_{im}, \cdots, UseTypeDemand_{iM}\}$$

(5.12)

式中,$TotalDemand_i$ 为元胞邻域综合欲望值,$UseTypeDemand_{im}$ 为元胞 i 希望转化为第 m 种土地利用类型的综合欲望值,其值随 CA 迭代演化而动态变化;A_{neibor},$A_{inherit}$ 分别为邻域及遗传欲望变异系数;$NeiborDemand_i$,$InheritDemand_i$ 分别为邻域及遗传欲望值。

5.1.5 综合转换概率的确定

在考虑 CA 元胞演化的全局影响及局部邻域空间影响的同时,还需要考虑客观的强制性约束条件 $con(S_{ij}^t = suitable)$,con 值在 $[0,1]$ 之间。如一级水源保护区、基本农田等一般禁止进行建设用地开发,可将赋值 $con_{水源保护}$ 为零。综合考虑以上全局适应度、局部邻域影响以及强制性约束条件后,任意土地元胞单元在 t 时刻由状态 i 转换到状态 k 的综合转换概率 P_c^t 可由下式表达:

$$P_c^t = Prob(i_k) \times TotalDemand_{ik} \times con(S_{ik} = suitable) \quad (5.13)$$

得到 CA 元胞对应各地类的综合转换概率后,每个元胞选取综合转换概率最大值所对应的地类,就是该元胞下一时刻状态转换的土地利用类型(图 5-1)。

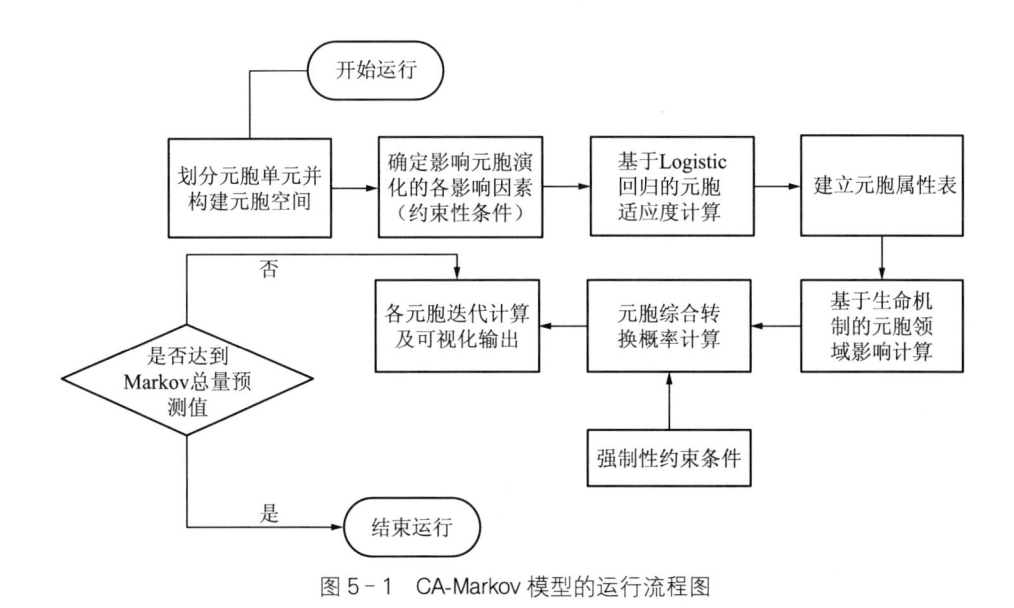

图 5-1 CA-Markov 模型的运行流程图

5.2 不同功能用地集约利用情景模拟

5.2.1 元胞自动机的构成

(1) 元胞

元胞自动机中的元胞与 GIS 的栅格数据中的栅格在结构上具有很大的相似性,在本研究中栅格数据的栅格即元胞,元胞划分的大小为 50 m×50 m。

(2) 元胞状态

在标准的元胞自动机模型中,元胞的状态集是一个有限、离散的集合,每个元胞的状态取其中的一个值。而在描述模拟地理实体变化模型时,需要将元胞及其状态赋予相应的地理涵义。在本研究中元胞自动机的元胞状态即定义为不同类型用地,包括:工业用地、商业用地、教育用地、居住用地、水系、文化用地、生态用地、特殊用地和其他用地。

(3) 邻居的定义

元胞自动机中,元胞下一时刻的状态如何取决于本元胞和其邻居这一时刻的状态,因此,邻居的定义对于元胞自动机有重要意义。CA-Markov 模型中通过滤波器来对邻居进行定义。滤波器是 CA-Markov 模型的组成部分,根据邻居离元胞距离的远近创建具有显著空间意义的权重因子,使其作用于元胞,从而确定元胞的状态改变。本研究采用 5×5 的滤波器,即认为一个元胞周围 5×5 个元胞组成的矩形空间对该元胞状态的改变具有显著影响。

(4) 规则的定义

演化规则是元胞自动机的核心,好的演化规则,可以兼顾微观、区域和宏观的相关因素的控制和影响,能较真实地模拟地理实体的演化过程,因而演化规则的定义是非常重要的。CA-Markov 模型中演化规则的定义是通过土地转换适宜性图集实现的,根据用户选择的适宜性图像来确定元胞下一时刻的状态。

(5) 时间的定义

标准以模型中的时间概念是一个抽象的时间概念,在模拟地理实体变化的元胞自动机中,虽然时间也是离散的,但它将时间概念与模拟模型中的时间概念与实际地理实体演化中的时间对应起来,在 CA-Markov 模型中时间的定义通过元胞自动机的循环次数来设定。

5.2.2 土地利用转移矩阵设置

将不同时期的土地利用图叠合相减,就可以求得该时期内土地类型转化的数据,构造出土地利用转移矩阵。

$$A = \begin{bmatrix} a_{11} & a_{12} & \cdots & a_{1n} \\ a_{21} & a_{22} & \cdots & a_{2n} \\ \vdots & \vdots & \vdots & \vdots \\ a_{n1} & a_{n2} & \cdots & a_{nn} \end{bmatrix} = a_{ij} \quad (i=1,2,3\cdots n; j=1,2,3,\cdots n) \quad (5.13)$$

矩阵中,i 表示两期土地利用中第一期的 n 种土地利用类型,j 表示第二期的 n 种土地利用类型,a_{ij} 为第一期的土地利用类型转变为第二期的各种土地利用类型的面积。

本研究利用 2005—2010 年的不同功能区的数据,构造出土地利用转移矩阵。转移矩阵的意义在于它不仅可以反映研究初期、研究末期的土地利用类型结构,同时还可以反映研究时段内各土地利用类型的转移变化情况,便于了解研究期初始各类型土地的变化去向,以及研究期末各土地利用类型的来源与构成。此外,针对某一种土地利用类型,通过矩阵表可以计算出其流向百分比,便于分出促使该类型土地变化的主导类型和次要类型。进而以此为突破口,分析解释类型变化的原因,并可以作为 CA-Markov 模型中的马尔可夫转换面积文件(Markov transition areas file),为下一步运用进行预测做准备。

5.2.3 芜湖市功能区土地利用模拟

5.2.3.1 土地利用转移矩阵

利用 GIS 空间叠置分析功能,将 2005 和 2010 年芜湖市市区不同功能区栅格图叠置,统计得到 2005—2010 年间不同功能区之间变化情况。其中面积变化情况如表 5-1 所示。

表 5-1 2005—2010 年芜湖市不同功能区面积变化 （单位:hm²）

	工业	商业	教育	居住	文化	生态	特殊用地	农业及其他用地
2005 年	4483.62	68.16	700.35	4948.55	172.46	2433.38	4022.94	46939.94
2010 年	15452.22	108.78	776.06	6070.69	272.46	1132.09	2947.79	37010.30
增加面积	10968.60	40.62	75.71	1122.14	100.00	−1301.29	−1075.15	−9929.64
变化幅度(%)	244.64	59.60	10.81	22.67	57.98	−53.67	−26.72	−21.15

从表 5-1 可以看出,芜湖市 2005—2010 年间不同功能区土地利用结构变化如下:工业用地增加了 244.64%,居住用地增加了 22.67%,商业用地增加了 59.60%,教育用地增加了 10.81%;生态用地、其他用地相应减少了,其中生态用地减少最多,为 53.67%。芜湖市工业用地的大幅度增加主要来源于相当规模的农用地及其他土地的转换。生态用地的大幅度减少也主要是由于芜湖市各类新增建设用地占用了生态用地。

通过转换矩阵计算某一种土地利用类型流向的百分比,以便于对促使该用地类型土地变化的主导与次要影响因素进行分析,进而分析和解释用地类型变化的原因,将其作为模型中马尔可夫转换面积文件(Markov transition areasfile),具体设置如图 5-2。

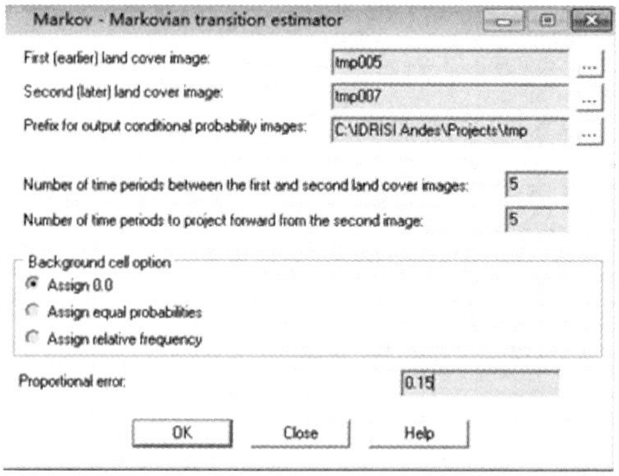

图 5-2　MARKOV 模块调用

马尔柯夫转移矩阵不仅可以定量说明不同功能区之间的转化状况,而且可以揭示不同功能区之间的转移速率。运用马尔柯夫模型得到 2005—2010 年间的不同功能区土地利用转移概率矩阵,如表 5-2 所示。

表 5-2　2005—2010 年芜湖市不同功能区转移概率矩阵

	工业	商业	教育	居住	文化	生态	特殊用地	农业及其他用地
工业	0.8194	0.0000	0.0021	0.1761	0.0013	0.0000	0.0000	0.0000
商业	0.0000	0.9300	0.0000	0.0700	0.0000	0.0000	0.0000	0.0000
教育	0.0000	0.0000	0.8537	0.0415	0.0000	0.0742	0.0300	0.0000
居住	0.1221	0.0000	0.0000	0.8674	0.0000	0.0300	0.0007	0.0000
文化	0.0000	0.0039	0.0000	0.0514	0.9486	0.0319	0.0000	0.0000
生态	0.0000	0.0039	0.0000	0.1688	0.0000	0.8273	0.0000	0.0000
特殊用地	0.0000	0.0000	0.0023	0.0455	0.0000	0.0319	0.9500	0.0000
农业及其他用地	0.1700	0.0000	0.0000	0.0000	0.0000	0.0000	0.0000	0.8300

从表 5-2 可以看出芜湖市 2005—2010 年不同功能区之间的相互转化情况:工业用地主要转化为居住用地和生态用地,其中 17.61% 转化为居住用地,0.21% 转化为教育用地,说明城市化和居住结构的调整是工业用地减少的主要原因;工

业用地的补充主要来源于农业及其他用地和居住用地;商业用地主要转化为居住用地,7.00%的商业用地转化为居住用地;商业用地的补充主要来源于文化用地和生态用地。教育用地主要转化为居住用地、生态用地和特殊用地,其中4.15%的教育用地转化为居住用地,7.42%的教育用地转化生态育用地。居住用地主要转化为工业用地、生态用地和特殊用地,12.21%转化为工业用地,说明在工业化的现代化,把居住用地集中化,工业用地集中化。

5.2.3.2 土地空间转变限制条件

根据芜湖市的地域特点和发展规划,模型限制水系向其他用地类型转变,同时芜湖市三山经济开发区和芜湖市高新技术产业开发区为芜湖市工业限制区,在模拟过程中不可以转化为其他类型用地(图5-3)。

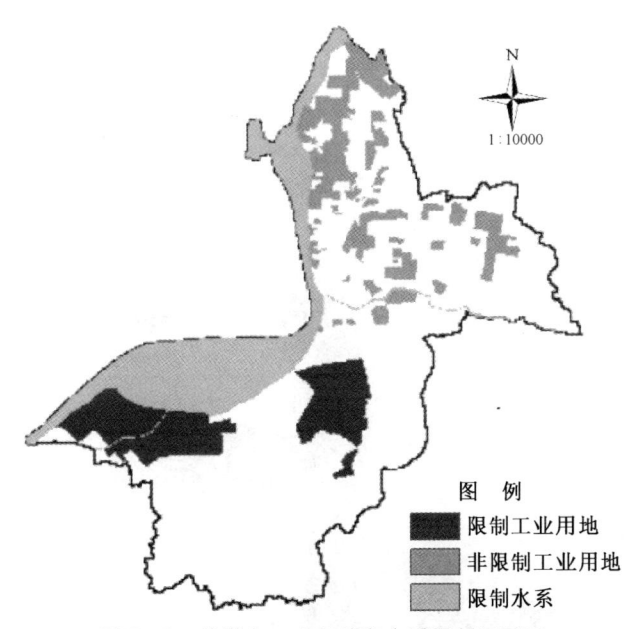

图5-3 芜湖市工业用地和水系限制因子图

5.2.3.3 预测结果

循环次数的确定与土地利用状态转移矩阵有着紧密关系。在本研究中,土地利用转移矩阵是根据2005年和2010年的土地利用现状图生成的(图5-4),因此将循环次数设置为10,模拟2020年的土地利用情况。调用IDRISI软件的

CA-Markov 模块进行模拟，结果如图 5-5 所示。

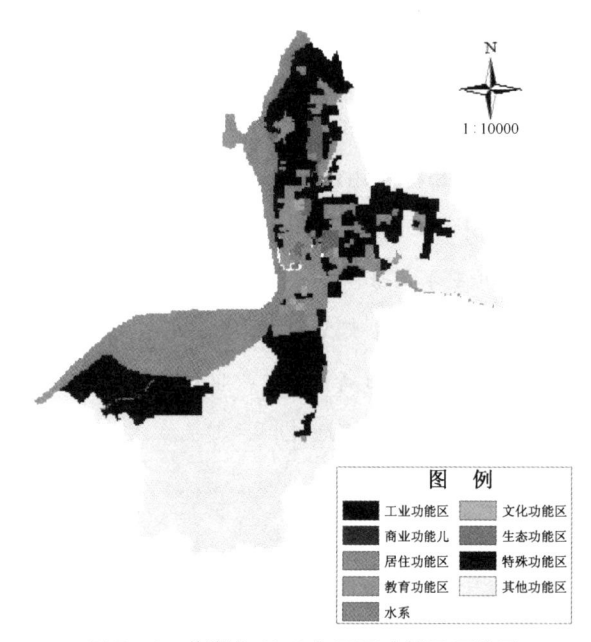

图 5-4　芜湖市 2010 年不同功能区用地图

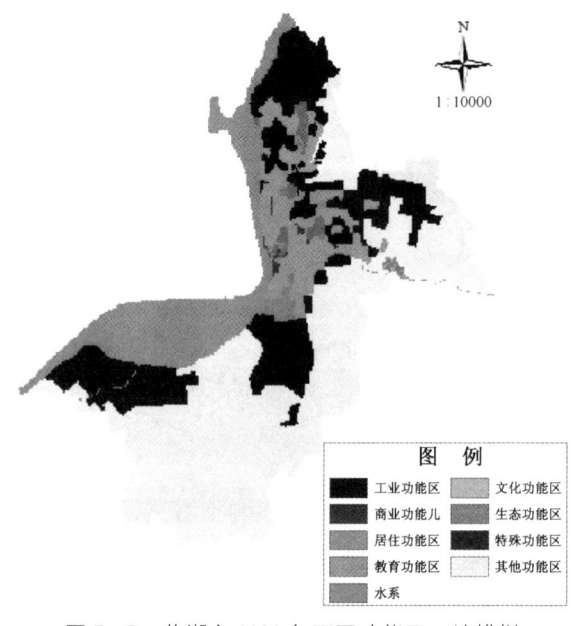

图 5-5　芜湖市 2020 年不同功能区用地模拟

表 5-3 2020年芜湖市不同功能区预测统计表　　　　（单位：hm²）

	工业	商业	教育	居住	文化	生态	特殊用地	农业及其他用地
2020年	15307.84	226.87	788.94	6804.74	158.21	1028.99	2157.87	37010.30
2010年	15452.22	108.78	776.06	6070.69	272.46	1132.09	2947.79	37010.30
增加面积	−144.38	118.09	12.88	734.05	−114.20	−103.10	−789.92	0.00
变化幅度(%)	−0.93	108.56	1.65	12.09	−41.93	−9.11	−26.80	0.00

从表 5-3 可知，芜湖市功能用地发生的变化如下：2010—2020 年在现有规划政策的作用下，工业功能区变化幅度微小，减少了 0.93%；商业功能区规模增长了约一倍；居住用地规模增加了 12.09%；教育功能区规模增加了 1.65%。

从模拟结果中分别提取工业功能区、商业功能区、居住功能区和教育功能区，与 2010 年四个功能区进行空间布局比较，可以看出芜湖市各类功能用地的变化情况：工业用地方面，老建成区工业用地显著减少，工业用地向周边郊区扩展，其中芜湖高新技术产业区在原有规模上向周边扩张了一定范围，芜湖市东部工业功能区原有的分散工业用地形成了连片布局；商业用地方面，2010—2020 年新增商业功能区较多，主要是在现有布局基础上向外扩展，同时也有部分商业用地转变成了其他类型的用地；居住用地方面，2010—2020 年居住用地变化较大，部分零散居住用地集聚连片成较大的居住用地区，部分零散居住地转变成了其他类型用地；教育用地方面，2010—2020 年教育用地布局主要是在现有教育用地布局基础上的微调，变化微小。

分析芜湖市 2020 年不同功能区集约利用空间差异，2020 年芜湖市工业向郊区发展，集中在芜湖市西南地区、东部和北部地区，市域内工业用地减少，总面积减少 144.38 hm²，工业功能区呈现集中化。商业功能区增加幅度较大，较多大规模的商业街建立，商业功能区集中于居住区、大学城附近，增加面积为 118.09 hm²，商业功能区辐射范围扩大，综合性商业街呈现。居住功能区集中于城市的中心，居住密集，居住功能区用地率增高，面积增加 734.05 hm²。教育功能区变化幅度较小，在现有居住功能区周边，少量建立了部分教育功能区，增加面积为 12.88 hm²。

5.2.4 淮北市功能区土地利用模拟

5.2.4.1 土地利用转移矩阵

利用 GIS 空间叠置分析功能,将 2005 和 2010 年淮北市市区不同功能区栅格图叠置,统计得到 2005—2010 年不同功能区之间变化情况。其中面积变化情况如表 5-4 所示。

表 5-4 2005—2010 年淮北市不同功能区面积变化 (单位:hm²)

	工业	商业	教育	居住	文化	生态	特殊用地	农业及其他用地
2005 年	1092.26	38.67	32.03	1449.87	14.53	608.14	520.08	15769.62
2010 年	1569.92	49.71	38.10	1575.32	13.85	190.03	445.77	15632.52
增加面积	477.66	11.04	6.07	125.45	-0.68	-418.11	-74.31	-137.10
变化幅度(%)	43.73	28.55	18.95	8.65	-4.68	-68.75	-14.29	-0.87

从表 5-4 可以看出,淮北市 2005—2010 年不同功能区土地利用结构变化为:工业用地增加了 43.73%,居住用地增加了 28.55%,商业用地增加了 18.95%,教育用地增加了 8.65%;生态、特殊、其他用地相应减少了,其中生态用地减少最多,为 68.57%。

参照上文,运用马尔柯夫模型得到 2005—2010 年间的不同功能区土地利用转移概率矩阵如表 5-5 所示。

表 5-5 2005—2010 年淮北市不同功能区转移概率矩阵

	工业	商业	教育	居住	文化	生态	特殊用地	农业及其他用地
工业	0.8259	0.0000	0.0137	0.1200	0.0000	0.0000	0.0000	0.0000
商业	0.0000	0.9790	0.0000	0.0210	0.0000	0.0000	0.0000	0.0000
教育	0.0000	0.0000	0.9630	0.0370	0.0000	0.0000	0.0000	0.0000
居住	0.0720	0.0210	0.0031	0.5985	0.0000	0.3201	0.0000	0.0000
文化	0.0000	0.0000	0.0000	0.0012	0.9878	0.0000	0.0000	0.0000
生态	0.0921	0.0000	0.0010	0.2100	0.0000	0.6799	0.0017	0.0000
特殊用地	0.0000	0.0000	0.0000	0.0321	0.1020	0.0000	0.8659	0.0000
农业及其他用地	0.0100	0.0000	0.0000	0.0000	0.0000	0.0000	0.0000	0.9900

从表5-5可以看出淮北市2005—2010年间不同功能区之间的相互转化情况：工业用地主要转化为居住用地和教育用地，其中12.00%转化为居住用地，1.37%转化为教育用地，说明城市化和居住结构的调整是工业用地减少的主要原因，而工业用地的补充主要来源于其他用地和居住用地。商业用地主要转化为居住用地，其中2.10%转化为居住用地。教育用地主要转化为居住用地。居住用地主要转化为工业用地、商业用地和教育用地，其中7.20%转化为工业用地，2.10%转化为商业用地，0.37%转化为教育用地，说明在工业化的现代化过程中，教育和商业用地也在不断被重视。

5.2.4.2 土地空间转变限制条件

根据淮北市的地域特点和发展规划，模拟过程中淮北市市区的护城河不会转化为其他的类型的土地，同时淮北市经济开发区和凤凰山经济开发区开发区为淮北市重点规划的工业用地区域，不可以转化为其他类型用地(图5-6)。

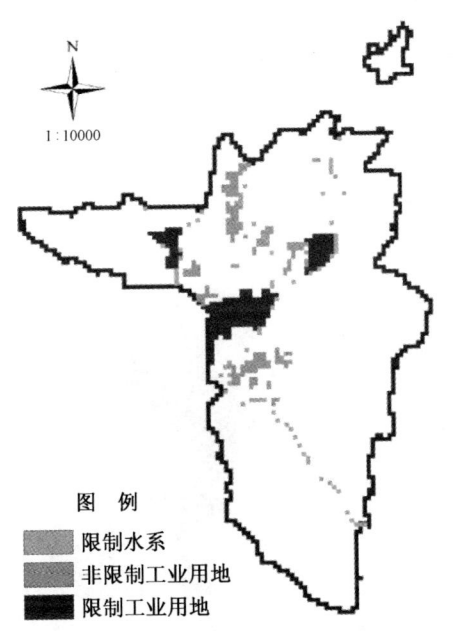

图5-6 淮北市工业用地和水系限制因子图

5.2.4.3 预测结果

参照上文芜湖市情况进行模拟，淮北市模拟结果如图5-8所示。

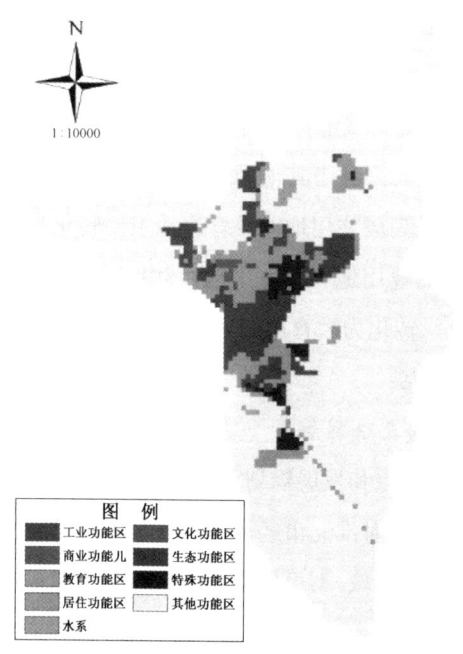

图 5-7 淮北市 2010 年不同功能区用地图

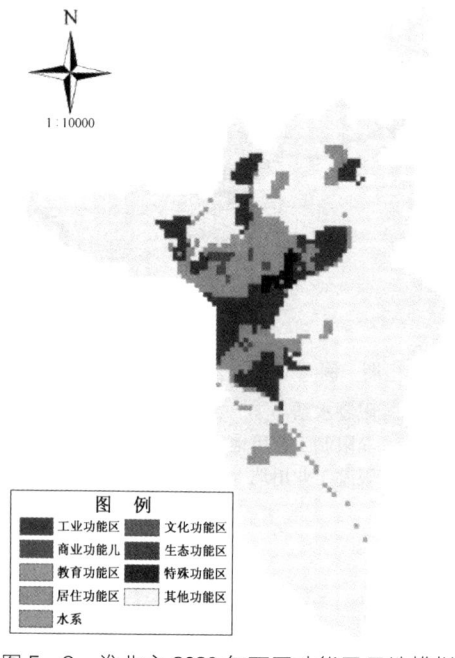

图 5-8 淮北市 2020 年不同功能区用地模拟

表 5-6　2020年淮北市不同功能区预测统计表　　　（单位：hm²）

	工业	商业	教育	居住	文化	生态	特殊用地	农业及其他用地
2020年	1735.35	76.28	49.19	1820.79	21.89	44.33	144.83	15632.52
2010年	1569.92	49.71	38.10	1575.32	13.85	190.03	445.77	15632.52
增加面积	165.43	26.57	11.09	245.47	8.04	−145.70	−300.94	0.00
变化幅度(%)	10.54	53.45	29.11	15.58	58.05	−76.67	−67.51	0.00

从表5-6可知，淮北市功能用地发生的变化如下：2010—2020年在现有规划政策的作用下，工业功能区规模增加了10.54%；商业功能区规模增加较多，增加了53.45%；居住功能区增加了15.58%；教育功能区由于2010年基数较小，增加幅度达到了29.11%。

从模拟结果中分别提取工业功能区、商业功能区、居住功能区和教育功能区，与2010年四个功能区进行空间布局比较，可以看出淮北市各类功能用地的变化情况：工业用地方面，淮北经济开发区在原有的基础范围内向周边扩张，将周边的其他类型用地转换为了工业用地；淮北市区南部工业功能区从原有的零散工业功能区逐渐形成了连片布局。商业用地方面，2010—2020年商业功能区布局调整不大，主要在现有建成区内大幅新增了两片商业用地区。居住用地方面，2010—2020年居住用地布局调整显著，居住用地在现有布局基础上向周边连片扩张情况显著，同时部分零散居住用地转变成了其他类型用地。教育用地方面，2010—2020年淮北教育用地现有布局调整不大，主要是在城区原有教育用地周边新增了一定量的教育用地。

分析淮北市2020年不同功能区集约利用空间差异，2020年淮北市工业变化幅度不大，主要是在现有的工业功能区周边少量扩增，增加面积为165.43 hm²，工业功能区呈饼状式发展，新开发的工业功能区较少。商业功能区，原有的旧的商业街没有变化，在居住聚集区新增了一片商业功能区，增加面积26.57 hm²，商业区域化发展，平衡了淮北市各区域商业发展。居住功能区，大致分布于淮北市上中下三区域，区域间人口密集，增加面积245.47 hm²，三区域居住功能区集中。教育功能区少量增加，增加面积为11.09 hm²。

5.2.5 黄山市功能区土地利用模拟

5.2.5.1 土地利用转移矩阵

利用 GIS 空间叠置分析功能,将 2005 和 2010 年黄山市市区不同功能区栅格图叠置,统计得到 2005—2010 年不同功能区之间变化情况。其中面积变化情况如表 5-7 所示。

表 5-7 2005—2010 年黄山市不同功能区面积变化 （单位：hm²）

	工业	商业	教育	居住	文化	生态	特殊用地	农业及其他用地
2005 年	218.61	36.46	74.79	2031.15	8.65	324.06	539.13	228245.94
2010 年	891.82	40.94	97.75	2218.05	8.65	153.85	221.06	227846.66
增加面积	673.21	4.48	22.96	186.9	0.00	−170.21	−318.07	−399.28
变化幅度(%)	307.95	12.28	30.69	9.21	0.00	−52.52	−58.99	−0.17

从表 5-7 可以看出,黄山市 2005—2010 年不同功能区土地利用结构变化如下:工业用地增加了 307.95%,居住用地增加了 12.28%,商业用地增加了 30.69%,教育用地增加了 9.21%;生态用地、特殊用地和其他用地相应减少了,其中特殊用地减少最多,为 58.99%。黄山市工业用地的大幅度增加主要来源于相当规模的农用地及其他土地的转换。生态用地的大幅度减少也主要是由于黄山市各类新增建设用地占用了生态用地。

参照上文,运用马尔柯夫模型得到 2005—2010 年间的不同功能区土地利用转移概率矩阵如表 5-8 所示。

表 5-8 2005—2010 年黄山市不同功能区转移概率矩阵

	工业	商业	教育	居住	文化	生态	特殊用地	农业及其他用地
工业	0.7848	0.0000	0.0710	0.1213	0.0000	0.0000	0.0000	0.0000
商业	0.0000	0.9300	0.0000	0.0700	0.0000	0.0000	0.0000	0.0000
教育	0.0000	0.0000	0.8537	0.0000	0.0000	0.1742	0.0300	0.0000
居住	0.0000	0.0026	0.1463	0.7674	0.0000	0.0300	0.0000	0.0000

续 表

	工业	商业	教育	居住	文化	生态	特殊用地	农业及其他用地
文化	0.0000	0.0000	0.0000	0.0000	1.0000	0.0000	0.0000	0.0000
生态	0.0221	0.0039	0.0000	0.0688	0.0000	0.8273	0.1012	0.0000
特殊用地	0.0191	0.0627	0.0000	0.0455	0.0000	0.0319	0.8790	0.0000
农业及其他用地	0.1740	0.0000	0.0000	0.0000	0.0000	0.0000	0.0000	0.8260

从表5-8可以看出黄山市2005—2010年不同功能区之间的用地相互转化情况：工业用地主要转化为教育用地、居住用地、生态用地，其中7.01%转化为教育用地，12.13%转化为居住用地，说明城市化和居住结构的调整是工业用地减少的主要原因，而工业用地的补充主要来源于农用地及其他用地、特殊用地和生态用地；商业用地主要转化为居住用地，7.00%转化为居住用地，商业用地的补充源自于居住用地、生态用地和特殊用地。教育用地主要转化为居住用地和生态用地，其中4.15%转化为居住用地，17.42%转化为生态用地；教育用地的补充主要源自于居住用地；居住用地主要转化为商业用地、教育用地和生态用地，其中0.26%转化为商业用地，14.63%转化为教育用地，3.00%转化为生态用地；居住用地的补充来源于工业用地、商业用地、生态用地及农业及特殊用地。

5.2.5.2 土地空间转变限制条件

根据黄山市的地域特点和发展规划，模拟过程中淮北市市区的护城河不会转化为其他类型的土地，同时黄山市经济开发区和黄山九龙低碳经济园为黄山市重点规划的工业用地区域，不可以转化为其他类型用地(图5-9)。

5.2.5.3 预测结果

参照上文芜湖市情况进行模拟，黄山市模拟结果如图5-11所示。

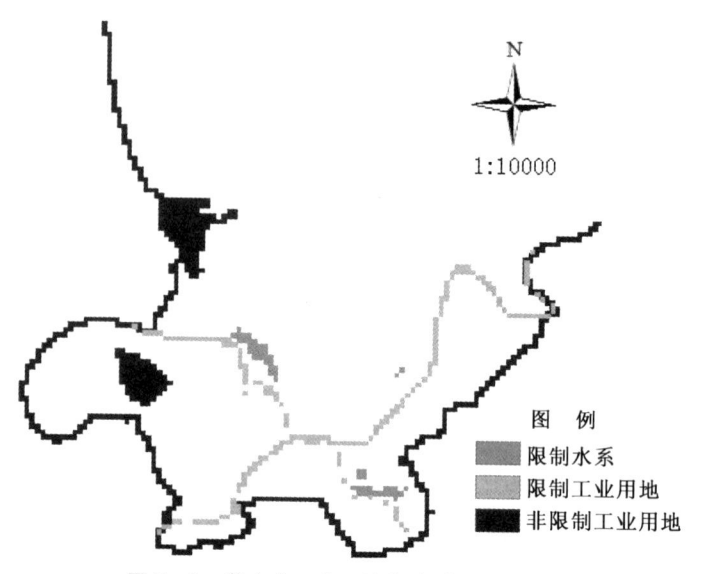

图 5-9 黄山市工业用地和水系限制因子图

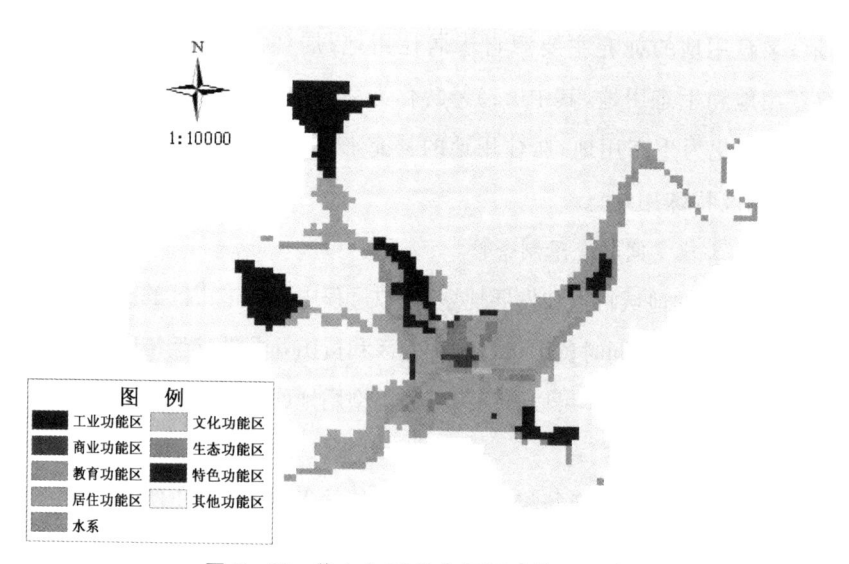

图 5-10 黄山市 2010 年不同功能区用地图

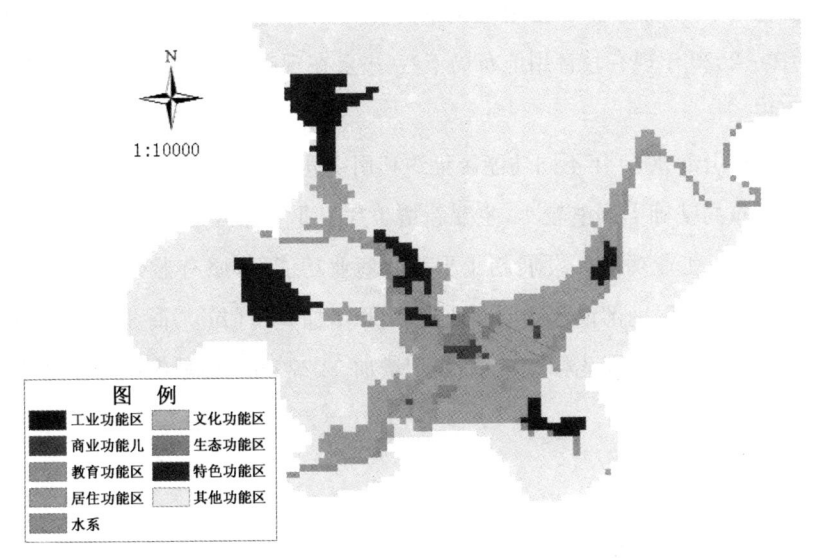

图 5-11　黄山市 2020 年不同功能区用地模拟

表 5-9　2020 年黄山市不同功能区预测统计表　（单位：hm²）

	工业	商业	教育	居住	文化	生态	特殊用地	农业及其他用地
2020 年	985.65	63.05	110.53	2271.32	14.31	123.81	63.45	227846.66
2010 年	891.82	40.94	97.75	2218.05	8.65	153.85	221.06	227846.66
增加面积	93.83	22.11	12.78	53.27	5.66	−30.04	−157.61	0.00
变化幅度(%)	10.52	54.01	13.07	2.40	65.43	−19.53	−71.30	0.00

从表 5-9 可知，黄山市功能用地发生的变化如下：2010—2020 年在现有规划政策的作用下，工业功能区增加了 10.52%；商业功能区规模显著增加，增长幅度达 54.01%；居住功能区增加了 2.40%；教育功能区增加了 13.07%。

从模拟结果中分别提取工业功能区、商业功能区、居住功能区和教育功能区，与 2010 年四个功能区进行空间布局比较，可以看出黄山市各类功能用地的变化情况：工业用地方面，在现有布局基础上调整较小，主要是黄山九龙低碳园区向周边有一定扩张，黄山市市区东部工业用地规模有一定增加。商业用地方面，2010—2020 年现有布局调整不大，原有的大型商业区老街没有变化，主要是在现有建成区的东部增加了商业用地面积。居住用地方面，2010—2020 年居住用地布局变化较小,部分零散居住用地集聚连片成较大的居住用地区。教育用地方面,2010—2020年现有教育用地布局不变,主要在现有城区内增加了一定的教育用地面积。

分析黄山市2020年不同功能区集约利用空间差异,2020年黄山市工业功能区在现有布局基础上调整较小,主要新增1片工业功能区,工业功能区总面积增加93.83 hm²,工业功能区发展趋于平缓。商业功能区,原有老街商业街没有变化,在黄山市北部、南部地区新增商业街,面积增加22.11 hm²,商业街覆盖整个黄山市域。居住功能区变化幅度较小,面积增加53.27 hm²,市域内小部分居住用地的增加。

6 城市及功能区的土地集约利用调控对策

随着我国经济社会转型发展对土地集约利用要求的日益紧迫和严格,国家和地方政府不断出台政策加以调控和规范,积极推进提高各类用地的集约利用水平。城市功能区是在城市内部承载着不同功能的特定区域。关注城市功能区的集约利用,要把这些功能区纳入城市土地集约系统中考虑。因此,首先要把握城市土地集约利用的方向和思路,提出城市土地集约利用的解决对策,然后细化到城市内部不同功能区的集约利用策略。本章首先探讨城市土地集约的思路与对策,然后结合前文研究结果,对城市内不同功能区提出集约利用的相关对策和建议。

6.1 城市土地集约利用的基本策略

6.1.1 规划管理控制总量

建设用地总量控制是实现经济社会可持续发展与促进土地高效集约利用的关键。目前,建设用地是以增量方式进行计划审批,但这种增量配置方式并不可持续。当前的集约利用现状与相关标准还存在很大差距,这可能有政策执行等方面的原因,但根本原因在于建设用地增量配置方式未对建设用地扩张起到相应控制约束作用。因此,必须以总量控制替代增量分配来管理建设用地供给,以保障经济社会持续发展。

应充分发挥土地利用总体规划对城乡建设用地的管控作用,通过划定城市扩展边界,利用总量调控建设用地的规模、结构、布局和时序;探索经济社会发展规划、土地利用规划、城市规划、生态规划的"多规合一",形成统一衔接、功能互补、相互协调的规划体系;将土地利用总体规划确定的管制分区以及地块所在区域的规划主导用途作为土地审批、规划审查的依据,增强规划实施的规范性和可操作性。

6.1.2 差别配置优化增量

如何将建设用地高效配置到不同地区是建设用地调控的关键,也是促进集约用地的重要手段。以往的建设用地调控对区域差别化考虑不足。有些地区处于生态脆弱区,不适宜建设,现实中却进行大规模建设,导致生态环境被严重破坏;有些地区土地利用强度已经很高,而每年建设用地继续以新增指标的速度增加,这导致了区域开发强度过大,引发各类问题;也有些地区经济处于快速发展阶段,且被定位成未来区域经济增长中心,但是建设用地供给却不足,未起到应有的保障作用,而有些地区建设用地指标出现盈余,在区域间指标交易制度未完全建立的情况下,该种未考虑地区差别化的建设用地供给方式存在着效率损失。因此,为提高建设用地配置效率,应将建设用地供给方式从普适化向差别化方向调整。

对区域建设用地供给进行调控时,不仅要考虑区域功能定位,同时要考虑区域资源环境容量、土地开发强度、经济发展阶段和产业结构,还要与耕地保护责任目标履行和节约集约用地水平以及依法用地情况相挂钩,重点支持民生项目、战略性新兴产业和现代服务业发展。对于建设用地比重已经很高的地区,应控制建设用地供给,防止土地开发强度过大。对于建设用地利用比较粗放与低效的地区,应严格控制新增建设用地,以促使地方政府加大存量土地内涵挖潜来满足区域经济发展需求,而对于集约利用水平较高地区,建设用地可适当扩张,以作为集约利用调控的激励措施。不同经济发展阶段对土地资源需求表现出不同特征,经济发展初期阶段,土地资源需求旺盛,建设用地对经济增长贡献水平高,随着技术进步和资本积累,土地对经济增长的贡献逐步被资本与技术替代,单位产出的土地代价水平会变低,所以对于经济发展起步较晚的地区,应给予建设用地指标倾斜,保证建设用地数量与经济发展阶段相适应。总之,差别化的建设用地调控政策需综合考虑区域功能定位、资源禀赋、利用现状与经济发展阶段而制定。

6.1.3 综合整治盘活存量

节约集约用地是推进城镇化转型发展的关键和核心任务。城镇低效用地再开发就是城市转型发展的一项举措。在挖掘存量用地上,重点是城镇村低效用地再开发,提高土地利用强度,完善各类用地标准,建立存量建设用地的退出机制。包括城镇工业用地、农村的宅基地以及其他建设用地,要有鼓励和激励的退出机制。

要构建和规范以三旧改造、城乡建设用地增减挂钩、废弃工矿复垦、工业用地退出、宅基地退出等为主要内容的土地综合整治平台,来提高城乡建设用地利用效率,着力提升城镇土地对人口、产业的集聚吸纳能力,以此来提高城镇化的发展质量。政府可以主抓连片面积较大、再开发动力较强、再开发效益明显的再开发项目,以凸显产业提升和城市升级的示范效应;而对于其他零散再开发项目,则可在制定的改造管控框架下允许其自行改造。在旧区改造过程中适当提高建筑密度和容积率,鼓励开发土地的立体空间,研究制定促进地下空间开发利用的政策措施,促进城镇土地复合利用、立体利用、综合利用,避免以平面的方式搭建土地利用空间布局;此外,要鼓励主动退出低效用地。对批而未供、供而未用、用而未供、供而再用实施差别化的奖惩政策,促使投产、招租、转让或退地。

6.1.4 市场机制增效流量

城市土地节约集约利用是城市竞争力的反映和表现,是市场经济建设和完善的需要。十八届三中全会的决定要求"发挥市场配置资源的决定性作用"。市场决定资源配置是市场经济的一般规律,也是土地资源配置的基本原则。

通过市场机制实现流量增效,要充分发挥供需机制、价格机制和竞争机制在建设用地流转中的作用。在对经济、人口、产业等集聚趋势判断的基础上,结合资源禀赋和生态环境容量,强化建设用地供给侧和需求侧的管理,满足合理需求,抑制无效需求,完善建设用地供需机制;建立工业用地和居住用地合理比价机制,强化对土地取得、占有和使用的经济约束;扩大国有土地有偿使用范围,加快形成充分反映市场供求关系、资源稀缺程度和环境损害成本的土地市场价格机制,发挥市场机制的激励约束作用;扩大建设用地市场中主体的范围,发挥市场主体的自主性和积极性,加快城市低效用地、农村经营性建设用地的流转以及宅基地的退出,提高土地要素市场周转率和利用效率。

6.1.5 依法行政提升质量

依法行政是依法治国重要体现,是政治、经济以及法治建设发展到一定阶段的必然要求。十八届三中全会《中共中央关于全面深化改革若干重大问题的决定》和十八届四中全会《中共中央关于全面推进依法治国若干重大问题的决定》明确要求要深化行政体制改革和依法行政。为此,打破固有的惯性思维,深化行政体制改革,就成为新常态下切实转变政府职能的现实需要。

面对当前国土资源管理中有待完善的工作机制、有待增强的依法行政意识、有待明晰的工作路数,亟须从法律和制度层面寻求完善途径。需要依托顶层设计实施政府管理流程再造;对土地管理中批、供、用、补、查各个环节的梳理和精简,探索建立提高效率、依法规范服务的行政审批工作机制;通过国土信息技术整合和制度完善,实现便民利用,推进服务型政府建设;围绕"法无授权不可为"的要求,拓展工作视野,将凡是没有法律依据的要素一律去除,不断提升依法行政水平,防范执法风险。

6.2 城市土地集约利用对策

6.2.1 基于国土资源综合承载力的建设用地总量控制

一是实施区域的国土资源综合承载力测算。《中共中央关于全面深化改革若干重大问题的决定》提出,建立资源环境承载能力监测预警机制,对水土资源、环境容量和海洋资源超载区域实行限制性措施。建立空间规划体系,划定生产、生活、生态空间开发管制界限,落实用途管制。这不仅明确了资源环境承载力与国土空间开发保护的关系,也指明了要以承载力相应指标的监测作为国土空间用途管制的基础与依据。城市土地集约利用需要从空间层面上对地区产业、人口等要素的集聚特征,以及资源环境要素的整合效应等空间因素进行分析研究,在主体功能区规划指导下,做好国土空间定位、用途管制及相应的保护、开发、利用与发展规划,探索区域系统的开放性特征对资源环境承载力的影响和优化。依据区域资源禀赋特征和可调入规模的稳定性,以及区域城镇化、产业发展、生态环境保护方面的总体战略,科学确定重点资源的最大可供规模,并与合理需求规模进行对比,测算出最大可供保障程度,提出相关资源优化配置和保护等工程部署。

二是划定城市扩张边界,实行建设用地总量控制。城市扩张边界划定要考虑城市增长的复杂性与综合性,并有针对性地对各种要素进行综合分析。一方面是影响城市发展的要素,既包括限制性的刚性要素,如地理状况、地质状况、水资源、自然资源、基本农田等,又包括限制性较小的弹性要素,如行政要素、交通条件、历史文化和遗产保护等。另一方面,要将这些要素综合纳入评价机制,通过制订相应的评价方法进行分析。

三是通过多规融合,统筹用地空间。探索经济社会发展规划、土地利用规划、城市规划、生态规划的"多规合一",形成统一衔接、功能互补、相互协调的规划体系,统筹谋划产业发展、资源利用、节约集约、环境保护,合理安排生产、生活、生态空间,推进国土集聚开发、分类保护和综合整治,逐步形成人口、经济、资源、环境相协调的节约集约型国土空间开发格局。根据不同区域的功能定位、发展目标、开发强度和环境承载力,科学配置土地资源。经济相对发达地区,严格控制新增建设用地,加大城乡建设用地整治挖潜力度;经济欠发达地区,适度增加新增建设用地,调整优化城乡用地结构和布局,鼓励合理使用未利用地。在上一级土地利用总体规划确定的本区域内各类用地的规模控制下,探索标志市、县域内功能片区土地利用总体规划,提高规划的科学性和针对性。

6.2.2 实施多层次的节约集约评价

土地节约集约利用评价是促进节约集约用地的重要基础性工作。评价工作本身并不能直接提高节约集约用地水平,而是要通过后续的政策、措施、技术手段和具体开发利用行为等实现节约集约用地。基于真实客观评价结果制定的政策和措施才更具有针对性、有效性。

一是基于基础调查实施功能区土地节约集约评价,测算节约集约用地潜力。通过基础调查,了解土地利用结构、土地利用强度、土地利用效益、管理绩效等方面的利用现状,摸清节约集约用地家底。通过构建基于不同层次的集约利用评价指标体系,对不同层次的土地节约集约利用水平进行评价,客观评估土地利用现状水平与特定目标、预期节地效果间的差距,找出存在的问题和不足,明确改进和提升方向,为拟定针对性对策措施、制定节地控制标准和开展相应考核等提供依据。此外,根据土地利用现状、经济发展、城镇化、环境保护等方面的综合考虑,测算区域集约利用潜力;从而掌握不同层次、不同功能用地的集约潜力规模与空间布局,为制定挖潜改造方案、实施土地收储、制定土地供应计划、编制相关规划等具体业务实践提供决策支撑。

二是集约利用评价要体现宏观、中观和微观上的层次性。宏观层次是以行政辖区整体为评价单元的集约评价,侧重于揭示行政单元的集约目标实现程度和建设用地整体承载水平、变化趋势以及区域间的比较差异。宏观层面评价可采用建设用地利用强度、增长耗地、用地弹性和管理绩效等因子进行综合考量。中观层次是以功能区或不同用途土地为评价单元的节地评价,侧重于摸清不同功能区或不同用途土地的集约利用程度、潜力状况和空间分布,提出节约集约用地对策措施,服务于城市相关规划编制、用地供应、土地收储、更新改造和开发区升级、扩区、区位调整、退出等用地管理实践。中观层次评价可采用利用强度、投入水平、产出效益等因子进行综合考量。微观层次是以单体工程建设项目为评价单元的节地评价,是前置的预期节地效果评价。项目节地评价侧重于结合项目建设必要性、规划布局合理性、工艺水平先进性、节地技术措施可行性、同类项目用地比较等定性分析和用地规模、结构、利用强度、产出效益等进行综合考量。

三是有机结合城市土地集约利用评价与其他集约用地评价。主要是将城市土地集约利用评价与单位国内生产总值建设用地下降目标评价、开发区土地集约利用评价和工程建设项目节地评价制度相结合,在评价指标、考核目标等方面进行关联。

四是完善土地节约集约利用激励机制和惩罚机制。将资源保护、节地水平、产出效益等监控到每个县区,将综合考核评价结果与新增建设用地计划分解下达、土地综合整治项目和资金安排等相挂钩。将节约集约用地的约束性指标纳入市经济社会发展综合评价体系,列入区县领导班子和领导干部政绩考核。对清理处置闲置土地、盘活利用低效用地好的地区,给予建设用地指标奖励和相关用地政策倾斜;对土地违法违规、闲置等现象严重且处置不及时的地区,以及达不到供地率考核标准的地区限期整改,整改不到位的,实行约谈、挂牌督办,必要时暂停建设用地审批、扣减新增建设用地指标等。

6.2.3 完善集约用地标准,科学制定集约用地规划

严格执行土地使用标准,是落实土地供应政策和产业政策、促进土地利用方式和经济发展方式转变的有效措施,是大力推进节约集约用地制度建设、健全完善节约集约用地制度体系的内在要求,是严格规范建设用地管理、提高土地利用效率的重要手段。

一是在国家《工业项目建设用地控制指标》和《安徽省建设用地指标》的基础上,结合安徽省各市实际情况,制定基于不同经济发展区域、不同经济发展阶段、不同行业的建设用地控制标准,标准里至少要包含对土地利用结构指标、土地利用强度指标和土地利用效益指标的控制。其中,土地利用结构指标主要包括厂房及配套设施用地率、办公及生活服务设施用地率、绿化率;土地利用强度指标主要包括容积率、建筑密度;土地利用效益指标主要包括投入强度和产出强度。

二是结合区域经济发展状况和土地集约利用目标对控制指标体系实行动态更新。应根据国家供地政策和产业政策、安徽省及下辖市客观条件的变化和实施情况,适时修订和不断完善土地使用标准,不断健全完善土地使用标准体系。

三是严格监测用地标准的执行。在依法实行招标、拍卖、挂牌、出让的工业和经营性用地等,市、县国土资源主管部门要将土地使用标准的相关控制要求纳入出让方案和出让公告,写入出让合同并严格执行。凡纳入《禁止用地项目目录》,不符合《限制用地项目目录》规定条件,投资强度、容积率、建筑系数、行政办公生活服务设施用地所占比重、绿地率不符合建设用地控制指标要求,工程建设项目用地总面积或各功能分区用地面积突破用地指标控制上限,宗地面积和容积率不

符合住宅供地条件的各类建设用地,均不得办理土地审批、供应和用地手续。对国家尚未颁布土地使用标准的,应依据安徽省资源条件、项目类型及建设要求,制订适合于安徽省的土地使用标准,进而办理建设用地审批、供地和用地手续。对安全生产、地形地貌、工艺技术等有特殊要求确需突破土地使用标准的建设项目,必须组织开展建设项目节地评价论证,依据节地评价结果和专家评审意见,合理确定建设项目用地标准。

四是研制集约用地规划。依据土地利用总体规划、城市规划及其他相关规划,参考国家和安徽省对建设用地标准的规定,制定各城市的集约用地规划。规划的重点要突出土地利用指标控制和土地利用布局优化。其中,土地利用指标控制既要有宏观层面上的指标,也要有微观层面上的指标。宏观层面上,包括总量指标和均量指标。通过分析城市产业发展方向和产业结构,确定未来一定年期内城市建设用地总量及人均建设用地量;微观层面上,包括土地利用结构指标、土地利用强度指标和土地利用效益指标。而土地利用布局优化主要是以用地布局调控为手段,高效利用区域内土地、能源、水和原料,通过引进关键链接项目,实现横向耦合、纵向闭合和区域整合,促进产业升级换代,增强综合竞争实力,从而从总体上实现土地节约集约利用。

6.2.4 强化节约集约用地动态监管

建设用地全程监管是土地管理工作的核心环节之一,是加强和改善土地参与宏观调控、贯彻落实国家调控政策,促进依法依规、节约集约用地的重要抓手、平台和载体。

一是加强对标准执行的监测监管。在国有建设用地划拨决定书和出让合同中,及时增补土地使用标准的相关内容。在核发划拨决定书、签订出让合同时,要明确规定或约定建设项目用地总面积、各功能分区面积及土地用途、容积率控制要求、违规违约责任等,划拨决定书和出让合同内容要及时进入土地市场动态监测监管系统。安徽省国土部门要对下辖市、县的出让公告、出让合同、划拨决定书中土地使用标准的确定和执行情况进行监督检查,对违反土地使用标准控制要求的供地、用地行为,要责令纠正。

二是加强以土地利用动态巡查制度为核心的批后监管。依托土地市场动态监测与监管系统通过信息公示、预警提醒、开竣工申报、现场核查、跟踪管理、竣工验收、闲置土地查处、建立诚信档案等手段,实现对辖区内建设用地批后开发利用的全程监管。此外,国土资源局内相关科室、国土资源所和局外相关部门的关系,将土地利用动态巡查制度嵌入建设用地管理的全环节,形成动态巡查责任体系。

三是加强以实地核查为手段的建设用地督导机制。虽然目前的土地供应和开发利用情况的季度通报机制,在督促依法履约上发挥了重要作用,但缺乏实地调查了解和督导机制。为此,进一步完善工作规范和监管标准,加强对地方工作的指导和督导,确保节约集约用地的各项政策落到实处。

四是强化监测监管结果对土地供应和开发利用行为的约束。按照国土部《关于推进土地节约集约利用的指导意见》中"对近五年平均供地率小于60%的市、县,除国家重点项目和民生保障项目外,暂停安排新增建设用地指标,促进建设用地以盘活存量为主""超过土地使用合同规定的开工时间一年以上未开工,且未开工建设用地总面积已超过近五年年均供地量的市、县,要暂停新增建设用地供应",对市县工作进行量化考核和责任传导。

6.2.5 积极总结和探索节地技术和模式

发展节地技术、模式是国际土地可持续利用的重要领域,"精明增长""紧凑城市"、土地立体开发利用等节地技术和模式在西方发达国家越来越得到重视和实际应用。在我国,各领域、各行业也涌现出一批节地技术、模式。2013年国土资源部对各地节约集约用地实践中涌现的节地技术和模式进行了梳理归纳,提炼出了节地效果明显、推广应用前景良好的7个类型、66个技术和模式。安徽省可根据自身的实际情况进行学习借鉴,以及探索符合自身要求的节地技术。

一是加快推广标准厂房等节地技术和模式。标准厂房,尤其是多层标准厂房具有占地面积少、节约用地、节约投资等特点。标准厂房主要适用于劳动密集型轻工行业。如纺织、服装、针织、制鞋、食品、印刷、光学、无线电、半导体以及轻型机械制造及各种轻工业等。

二是加强地上地下空间立体开发综合利用、无缝衔接等节地技术和节地模式。如对大型批发市场、会展和文体中心、旧城改造、城市新区建设中,通过平面节地和立体开发节地,提高土地利用强度。地上空间的利用方式,主要有高层建筑、高架桥以及立交桥等;地下空间的利用方式,如把城市交通(地铁和轨道交通、地下快速路、越江和越海湾隧道)、设施(如各类管线、停车库、污水处理厂、商场、餐饮、休闲娱乐等)尽可能转入地下,从而实现土地的多重利用,提高土地利用效率。

6.3 不同类型城市的集约利用对策

6.3.1 工业型城市的土地集约利用

6.3.1.1 加强工业功能区的生命周期全过程管理

工业用地利用全生命周期管理,要以提高土地利用质量和效益为目的,以土地出让合同为平台,对项目在用地期限内的利用状况实施全过程动态评估和监管,通过健全工业项目招选、工业用地产业准入、工业用地供应、综合效益评估、用地监管、土地使用权退出等机制,将项目建设投入、产出、节能、环保、本地就业等经济、社会、环境各要素纳入合同管理,实现土地利用管理系统化、精细化、动态化。

一是加强工业项目的分类招选。按照总投资额、单位面积投资强度、达产后平均纳税额等条件对工业项目进行分类:(1)对于这3个指标高的工业项目采用"一企一策"挂牌方式出让,优先安排该类企业扩大生产所需的工业用地。(2)对3个指标中等的工业项目采用拍卖或招标方式出让,不安排新的工业用地,通过挖潜盘活存量,提高现有工业用地利用效率。(3)对3个指标较低的工业项目采用"先租后售"或"一次性招标(拍卖)"方式出让。"先租后售"方式可由国有独资(控股)企业招拍挂受让土地,建设标准化厂房或工业大厦,然后按"先招租、后转让"的形式招引企业;"一次性招标(拍卖)"方式可用于零星存量工业用地,按照"好中选优"和价高者中标为原则,一次性招标(拍卖)直接出让,分两个阶段签订土地出让合同(如第一阶段不超过5年)。该类企业也不安排新增用地,通过挖潜盘活存量。(4)对于"高税无地""高税少地"成长性企业,每年选择一定比例以挂牌出让方式供地。"高税无地""高税少地"企业用地面积根据可出让用地总面积及企业项目质量、发展前景等内容统筹安排。进一步明确了招商主体责任,充分下放招商引资政策权限,授予和扩大经济开发区、工业园区、商贸服务业集聚区和各工业功能区所在镇(街道)对供地面积、财政补助等方面的政策决定权,凡低于安徽省及本市现有支持政策要求的项目,由各招商主体自行确定,报市委市政府审议备案;对突破现有政策要求的优质工业项目,提交市委市政府集体研究决定。此外,进一步完善工作机制,积极引进和培育优势产业项目,实行工业项目用地出让、扶持政策与项目产出贡献挂钩制度,开展工业用地出让绩效评估和考核,加强工业用地监管,优化服务,切实提高办事效率,推进土地资源高效利用。

二是强化工业项目准入管理。开发区在确保重点项目正常需求的同时,坚持项目准入条件,不断提高进入门槛。事实上,有些地方已经实施了对企业入园的要求,如苏州在全国率先提出"单位面积土地利用投资强度"控制指标,要求省级以上开发区一般每平方公里实际投入不低于5亿美元,乡镇工业小区一般每平方公里实际投入不低于3亿美元,且苏州工业园区要求投资额低于1000万美元的项目入驻标准厂房。广州开发区规定每平方米投资强度为670美元,并要求达到相应的环保指标,投资总额达不到500万美元的不单独供地,引导其进入标准厂房。此外,还要求建筑密度不低于35%,容积率不低于0.6。可见,由于产业集群的形成和集聚经济的存在,适当提高入园标准并不会影响企业的投资热情。

开发区应在确保重点项目正常需求的同时,坚持项目准入条件,不断提高进入门槛。可从以下几方面提高入园门槛:(1)聘请专业评估人员,从项目投资规模、投资强度、投资成本、投资能耗、投资收益等多方面综合核算,确定是否单独供地,并加强跟踪监督,确保用地指标向投资强度高、投入产出高、科技含量高的企业倾斜,不断提高全区集约节约用地的水平。(2)加强招商引资项目的合同管理。要把投资密度、开工期限、投产期限、环保要求、履约保证金、违约责任等纳入合同文本,同时强化容积率、建筑密度、产出效率和节能、环保、本地就业等规划指标,作为项目建设的依据纳入合同文本,不断提高招商引资项目的履约率。(3)坚持引进科技含量高,项目附加值高的项目,注重产业链的培养。(4)入园企业固定资产投资必须在某一设定额(如 3000 万元)以上,且每亩固定资产投资强度也必须达到一定水平(如 100 万元以上)。(5)优化完善产业用地标准,定期更新工业用地投入强度和产出效率的最低标准。

三是实行工业用地弹性年期出让制度。目前普遍实行的工业用地 50 年出让方式存在着诸多不足:(1)出让制一次性交纳大量的出让金,提高了企业的初始投资成本投入,增加了企业资金压力。(2)土地资产流失。地方政府为了吸引投资而不惜压低土地的出让价格,从而导致国有土地资产的大量流失。(3)政府一次性收取了出让金,不能在以后年代内获得持续收益,损失了土地增值收益。(4)助长"圈地"和土地投机。一方面,由于土地征、供之间存在巨大的利润空间,政府不断地征地、卖地,从而依赖土地财政;另一方面,土地增值利益巨大,刺激了一些人大量囤积土地,致使土地低效利用。

目前,无锡、义乌、厦门等地探索土地年租制,在促进节约集约土地利用方面取得了显著成效,如无锡宜兴的"长租短约"、义乌的"先租后让"模式。兼顾流转双方的土地权益,不仅确保了土地使用者拥有长期稳定的土地使用权,也保障了土地所有者的土地增值收益。其优点体现在:(1)可以消除工业用地招标、拍卖供应方式可能引发的地价上涨对招商引资的不利影响,从而降低企业投入成本,并为产业结构升级留有足够的空间。(2)承租人可以分年支付土地租金,从而大大减轻承租人的负担,避免了出让制要求承租人将各年租金折现一次付清造成土地成本提高的资金压力。(3)有利于国有土地资产的保值、增值和财政收入的稳定增长。年租金征收范围、租金标准具有相对稳定性,可以成为政府财政收入的一项稳定来源。同时,由于年租金逐年收缴,政府在制定年租金时可充分考虑土地增值和物价等因素而做适当调整,确保国有资产不至流失。另外,实行年租制,还可以弱化政府在一次性出让土地,获取大笔出让金上的急功近利行为,逐步摆脱土地财政的依赖。(4)有利于抑制投机性需求,促进土地集约利用。年租金不仅按年交纳,而且可以定期调整,因而有利于缩小市场租金与契约租金差价所造成的寻租空间,从而有利于抑制土地投机性需求。(5)有利于政府后续监管。承租人对租赁土地的转租、转让和抵押等处分权受到较大程度的限制,有利于国家在土地租赁后实施有效的后续监督管理,强化政府土地集约利用管理能力。

（6）有利于增强政府宏观调控经济的能力。政府可以更好地根据社会经济发展状况、土地市场发育状况和产业政策进行调整,通过对租金标准、用地结构和产业空间布局的调整实现政府对土地一级市场的持续垄断,从而有利于增强政府宏观调控经济的能力。(7)体现了对资源的配置与使用应具有灵活性。市场租赁双方都可以随时根据自身的要求选择和确定多种租赁形式、租金标准,租赁的形式既可以是单纯地皮的出租,也可以包括地上建筑物以及其他具有不动产性质的附着物同时出租。

四是加强项目审批、开竣工和投产的全过程监管。 研究区域内,土地闲置率较高,政府应该贯彻落实国家宏观调控政策,促进各项工业用地依法依规、节约利用,各市国土资源局应不断强化工作措施,严格工业用地预审、审批和批后监管工作。从5个方面加强工业用地监管,防治闲置。(1)严格用地预审。在项目可行性论证阶段,积极引导企业在劣地、荒地上选址,同时提高建筑密度、投资强度,建筑物向空中、地下立体式延伸,提高土地利用率。(2)严格用地审批管理。坚持从严从紧的供地政策,严格控制投资强度、容积率、厂房用地比例和绿地率四项指标,严格执行建设用地审批会审制度,实行建设用地审批联席会议制度,对所有行政审批事项集体讨论、集体决策、集体审批,杜绝暗箱操作。(3)加强项目开竣工及投产管理。首先,对项目动工、竣工和投产期限加强监督,可以约定实施项目时间履约保证金(保函)制度,按照合同约定以土地出让价款的一定比例向相关部门缴纳。对准备立项项目,加快项目前期工作,促其早日动工;对新开工项目,积极帮助其协调理顺关系,解决项目开工过程中存在的具体问题,保证施工顺畅;对接转续建项目,加强调度,确保项目的早建成、早投产。这一过程最重要的是严格规定了项目的开、竣工期限。对进度缓慢的项目,以事先告之的形式提醒、督促其按约定时间进行工程建设;对迟迟未能动工或进展缓慢的项目,按照规定依法收取土地荒芜费,并纳入重点管理,实行限期建设达标。对因其他原因未能按合同约定进行建设而造成土地浪费的,依法收回了部分土地使用权。其次,对企业的土地利用进行监管,包括新增工业用地的土地利用结构、土地利用强度和土地利用效益是否达到国家、省、市和开发区的工业用地建设标准。如果没有达到上述标准,责令限期整改或强制其退出园区。(4)建立建设用地电子动态监管系统。基于芜湖市、黄山市和淮北市国土资源基础数据库和"一张图"管理的三维实景平台，将建设用地预审、审批、监管全程网络化操作，实时动态监管，实现对建设用地动态化、自动化、网络化和精细化管理。（5）加强土地市场动态监测。及时将征转用、土地储备、供应、土地抵押、转让、出租及集体建设用地信息录入土地市场动态监测和监管系统，对交地、开工、竣工、土地闲置认定及处置、竣工验收等开发利用情况及时进行监管，并将实际监测的结果实时录入。（6）加强土地执法监察。依法查处土地违法违规行为，对非法批地、未批先用、少批多用、擅自改变土地用途、违规减免返还土地出让收入、低价出让国有土地使用权等严重土地违法违规行为，依法依规严肃查处并公开曝光，涉嫌犯罪的，移送司法机关依法处理。

五是强化工业用地退出机制，实行工业用地交易许可制和申报制。根据土地管理法的相关规定，工业用地最高出让年限为 50 年。然而，企业有其生命周期，有一个从创立、成长、成熟到消亡的过程。特别是在经济全球化的背景下，或许园区内的有些企业在不断地成长壮大，而另一些企业面临着破产消亡。在调查过程中，我们就发现了一些较老的开发区存在一些倒闭的企业。这不仅积压了企业资金，而且也导致了大量土地闲置浪费。因此有必要构建工业用地退出机制，提高开发区经济活力和土地利用效率。

本研究所述 16 个类型的企业退出包含 3 种：（1）工业企业没有按照合同所规定的期限动工投产、评估认定不符合要求、造成严重环境污染等情形，出让人可无偿收回建设用地使用权。对地上建筑物的补偿，可事先约定采取残值补偿、无偿收回、由受让人恢复原状等方式处置，并在土地出让合同中予以约定。（2）企业经营收益差，不能维持正常生产，面临破产倒闭申请退出。受让人可申请解除土地出让合同，经出让人同意，按照约定终止合同，收回建设用地使用权，按照约定返还剩余年期土地出让价款；对地上建筑物的补偿，可事先约定采取残值补偿、无偿收回、由受让人恢复原状等方式处置，并在土地出让合同中予以约定。（3）企业根据自身的发展战略或者缘于政府的产业结构调整，需要到其他地方发展，将土地转让给其他企业使用。

工业用地退出机制建立的基本目标是通过规划限制和政策引导让土地闲置和土地利用效率低的企业主动放弃或申请退出工业园区，从而彻底改变工业化进程中工业用地无序增加和土地大量闲置等不合理现象,实现土地利用高效化和集约化的目标。由于土地具有保值增值功能,企业在缴纳一定年限的土地出让金后认为在不改变用途的情况下可以"自由"使用土地,因此当土地升值大于经营亏损时,一般不会主动放弃已有的土地使用权。建立工业用地退出机制的基本思路就是要建立起能促进工业企业自愿或依法退出工业用地的激励机制和约束机制。从动力机制层面上要形成工业用地规程的引力机制、推力机制和压力机制。通过引力、压力和推力三力协同作用,促进工业用地利用过程中的问题解决。引力机制建立的基本途径是通过适当的福利政策安排及补偿使得工业企业主动退出工业用地所享受的福利不小于保有现有工业用地的福利,从而引导工业企业自愿腾出现有工业用地。引力机制建立需要建立工业用地退出收回补偿制度,对退出现有工业用地进行合理补偿。压力机制主要针对违法利用和未按合同要求利用的工业用地。压力机制建立的基本途径是建立企业土地利用信息核查及动态管理制度,同时增加土地保有环节的税费负担,迫使企业退出工业用地。推力机制主要针对需要面临产业结构调整和产业转移的企业。其建立的基本途径是构建具有可操作性的进入和退出的转换接续措施。

工业用地交易许可制和申报制主要针对工业企业转让退出工业用地的情景。国土部门需要对拟进行交易和土地分割行为的土地进行审核,审查合格才发放许可证。若无许可证,便不能进行土地使用权转移登记。工业用地交易许可制和申报制需要关注三个方面:一是土地用途,不能随意改变工业用地用途;二是交易面积,需要规定交易面积的下限;三是申报价格,若申报价格在基准价格一定水平以下时,政府要劝告申报者按基准价格以上的价格再申报,若不听劝告,由政府经营的土地开发公司使用先买权,按申报价格购买。

六是强化税费调节的激励约束机制,构建企业用地信用评级和责任追究机制。促进工业用地集约利用,除了依靠政策管制和调控外,还需要积极探索税费调节的激励约束机制。对于各市内的开发区而言,实行工业用地集约利用评价与年度计划供应、开发区(园区)扩区升级相挂钩制度。对企业而言,一方面鼓励企业对现有厂区进行土地资源的挖潜利用,另一方面惩处土地粗放利用行为。如可规定企业在现有厂区内改建、翻建厂房,免收城市基础设施建设配套费、配套补助费及其他所规定的相关费用；在现有厂区内扩建、新建厂房，按规定标准减半收取；鼓励建设多层标准厂房，除有特殊工艺要求不宜建设多层厂房的项目外，一般工业项目不得建设单层厂房，违反规定建设单层厂房的，加倍征收相关费用或收回土地。

市场经济是建立在信用体系基础之上的，作为一种长效的激励机制就要使市场主体自身的信誉不断加强，树立良好的形象。地方政府应该建立企业用地的信用档案，要按照预计的建设周期，及时审核建筑物的实际用途和业态，如果发生有异常应进行专项检查。对于变更工业用地用途和不符合额定用地标准的企业，要在信用档案中特别记载并公示其违规行为。政府随后还将取消其在园区享有的优惠政策，并对今后的用地情况进行限制。

6.3.1.2 有序推进旧城改造，推进现代服务业升级

一是有序推进旧城改造，构建综合商业体。分析三市的商业功能区集约度可知，芜湖市和黄山市商业功能区集约度较高，商业区较为集中，淮北市商铺建立较早，商铺的综合容积率和建筑密度都很小，商业功能区不集中，集约度不高。政府对旧城进行改造，改造旧城规划结构，在其行政界限范围内，实行合理的用地分区，合理的划分出商业用地、居住工业、工业用地等建设用地。对改造的旧城，更新、调整商业用地布局，造综合商业体。综合商业体业态多样化与消费享受化，引导了商业地产的升级与变革，形成了休闲商业聚集的全新创造，达到高效利用商业用地的目。对于旧城改造中的商业用地容积率应根据容积率自身的动态特征，形成以刚性控制为主，辅以弹性控制的容积率控制机制。

二是推进现代服务业升级，优化经济增长结构。现代服务业的发展是推进培育新的经济增长点的有效路径，是社会经济转型的关键。现代服务业发展可以从生产性服务业和生活性服务业两个方面入手：(1)生产性服务业发展，一是要注重发展现代物流业。整合统筹研究区现有物流运输、公共信息、仓储配送三大资源，加快配送中心、物流中心建设的步伐，逐步构建以物流中心为核心、综合性物流配送和专业性物流配送区为节点的物流网络体系框架，加快都市配送型物流和产业基地型物流，使物流服务直接渗透到企业、园区等各个终端。二是注重发展科技服务业。积极推动企业与省内外高校、科研院所的联合，构建公共科技创新

平台,加快科研成果转化速度;加快科技创新服务中心建设步伐,吸收和引进跨国公司、国内大型企业落户科技创新服务中心,促进人才、技术资源的集聚。三是拓展商务服务业。规范发展法律、会计、评估代理、工商咨询等专业服务机构,推动大型会展、广告、策划、创新设计、招投标代理、风险投资等服务企业为工业企业服务,鼓励发展与优势产业配套的专业服务、特色会展和具有自主知识产权的创意产业,引导专业化的工业设计、创意设计企业集聚发展。四是发展信息服务业。积极推进电子商务、电子政务,加快建设电子认证体系和企业信用信息平台,促进信息技术在生产生活各领域的应用。着力构建重点企业供应链和客户关系的管理平台、各类专业机构面向中小企业的服务平台、不同行业之间的交易平台。五是发展现代金融业。加快推行融资、租赁、理财、创业投资等综合类金融服务,形成以服务龙头企业为基础,服务中小民营企业为特色的生产性金融服务体系。
(2)生活性服务业发展,一是要加强服务行业规划,科学引导产业发展。积极并实事求是地制定本地区服务业发展规划,提出发展目标,明确发展重点,优化网点布局,逐步形成覆盖面广、结构合理、便利安全的生活性服务网络体系。二是进一步制定和完善生活性服务业管理法规标准,开展行业管理、营销、技术、业务技能方面的培训,促进生活性服务企业不断提高经营管理水平。三是制定复合扶持政策,创造宽松发展环境。加大对生活性服务企业信贷支持,在机构准入、资本补充、资本占用、不良贷款容忍度和贷款收费等方面,实施具体的差别化监管和激励政策。四是重视人才队伍建设,提升从业人员素质。强化职业资质认证管理,要求从事生活性服务业的各类技术人员必须持证上岗。

三是推进税费制度改革,扶持微小企业发展。目前,研究区域内小微企业数量众多,绝大多数为民营企业,它们对推动经济发展、促进市场繁荣、不断扩大就业发挥着重要作用。为支持小微企业发展,政府应通过调整支出结构盘活存量财政资金,缓解财政收支矛盾,对小微企业中月销售额不超过2万元的增值税小规模纳税人和营业税纳税人,暂免征收增值税和营业税。这将使符合条件的小微企业享受与个体工商户同样的税收政策,为小微企业带来实惠。

6.3.1.3 提高居住功能区承载功能,改善居民生活方式

一是优化土地利用结构,提高土地承载功能。目前,许多住宅区用地承载的

功能不但有居住功能,还有少量的公共服务功能,但公共服务功能所占的比例非常低,几乎产生不了多少效果。这是因为在我国城市中大街区的路网结构和由此形成的大块状住宅区,从根本上制约着住宅区土地的多功能平衡开发。所以想提高土地的承载功能,可以把现有的大街区路网加密改造为小而密的城市路网。在这种小而密的路网基础上将面积较大的住宅区划分成相对较小的地块进行开发建设,这样就可以使得每个小的地块有不同功能,从而促使一定尺度范围内土地承载功能的平衡。

二是改善居民生活方式,强化集约用地行为。 由于功能平衡型的住宅区土地集约利用能够改善居民的生活和行为方式,并且居民的生活方式也在不同程度上影响着住宅区的土地集约利用模式,所以城市住宅区土地集约利用与整个社会生产及生活方式是相互联动的。为了实现城市用地各个功能相对平衡的目标,政府可以通过引导和鼓励有利于土地集约利用的城市生活方式,如倡导居民减少对小汽车的使用,鼓励居民选择步行和公共交通等。

6.3.1.4 探索教育功能区有偿使用,优化用地结构,增强节地意识

一是积极探索教育用地的有偿使用制度。 目前,教育用地是划拨用地,具有天然的粗放利用的性质,土地利用集约度很低。政府应该逐步缩小划拨用地范围,除军事、社会保障性住房和特殊用地等可以继续以划拨方式取得建设用地使用权外,对国家机关办公和交通、能源、水利等基础设施(产业)、城市基础设施以及各类社会事业用地逐步实行有偿使用。有偿使用的教育用地,能够实现土地价值的最大化,土地的经济价值得以充分显现,对提高教育用地的集约利用有一定的影响作用。

二是优化用地结构,提高用地效率。 在校园建筑与结构布局方面,我国高校通常面临着校区内部布局混乱,校区之间缺乏联系的问题。为解决这一问题,首先,对于新校区要以提高高校基础职能承载力为目的,兼顾近期与远期的需求,统筹拟建校舍建筑与现有校舍建筑资源的规划设计,调整校舍用地结构与布局,为学校进一步发展提供合理的空间系统;其次,对于老校区要采取保护与整治的双重手段,加大力度整治校园拥挤与生态环境恶化现状的同时,注重对校园历史文物建筑的保护,突出校园非物质文化传承建设,营造文化内涵丰富的高知性场所

氛围,促进校内外人际间的文化交流,将校区打造成一个具有旺盛生命力的文化载体;再次,针对老校区教学、科研保障等功能逐渐弱化的现象,在符合有关规划的前提下,可以开展用地置换工作,通过用地置换、功能置换,将其建设为创新创业基地,为城市发展做出更大贡献;最后,针对高校区功能整合不足的问题,学校应及早谋划各校区的功能定位,努力降低校区分割所导致的用地效率下降问题,切实提升学校整体教育资源的协同能力与水平,提高学校整体用地效率。

三是不断增强节地意识。许多校园规划仍然采用乌托邦式的蓝图规划,低密度建设,校园贪大求全,盲目建设,造成土地利用不充分,浪费现象突出。学校领导思想认识不够到位,节约集约用地意识淡薄,扩张心态作怪,不愿做"水磨"功夫、精益求精,只成其物,不致其精,导致了土地利用中的浪费、闲置,科学规划、合理布局有些时候成为空谈,直接制约了教育用地土地的集约利用。人民政府应贯彻落实中央领导同志资源节约利用的重要战略思想,探索学校用地集约利用具体途径;到校园里全面宣传国土资源节约集约工作取得的重要阶段性成果,交流探讨学校土地利用模式,促进节约集约利用,引导学校形成资源节约集约利用意识和行为导向,创造节约集约的良好氛围。

6.3.2 资源型城市的土地集约利用

6.3.2.1 强化工业用地集约标准,控制工业用地供应节奏,优化工业用地供应结构

一是要强化工业用地集约利用标准。要严格执行《国家建设用地标准》《工业项目建设用地控制指标》和《安徽省建设用地使用标准》,合理确定项目用地规模,对超标准面积予以核减。对国家和省尚未颁布土地使用标准、建设标准或有特殊要求的建设项目,国土资源管理部门应先进行项目节地评价并组织专家评审,集体决策,合理确定项目用地规模。

二是明确开发区新建工业项目供地标准。新建工业项目建筑容积率不低于1.0,建筑密度不低于40%(不含道路),其中国家级开发区、市管省级开发区新建工业项目建筑容积率不低于1.2;国家级开发区、市管省级开发区、县管省级开发区新建项目土地投资强度一般分别不低于300万元/亩、200万元/亩、150万元/

亩,或预期亩均税收(不含土地使用税,下同)不少于30万元/年、20万元/年、10万元/年。对达不到上述标准的新建项目,相应核减建设用地面积。对国家级开发区固定资产投资额低于1亿元或省级开发区固定资产投资额低于6000万元的单个工业项目,原则上不单独供地。

三是控制工业用地供应节奏。主要体现在工业用地供应的时序和供应量上。(1)实行计划性供地和定期审核,土地出让前要制订详细供地计划和土地供应方案,明确容积率、绿地率和建筑密度等条件。合理确定出让土地的宗地规模,督促及时开发利用,形成有效供给,确保节约集约利用每宗土地。未按合同约定缴清全部土地价款的,不得发放土地证书,也不得按土地价款缴纳比例分割发放土地证书。(2)实行工业用地分级供应。对于新进项目,必须先充分消化工业园区现有闲置用地。如果新进项目为符合国家产业政策的高新技术项目,经审定后优先供地。对早期投入虽低,但产出高的高新项目,可要求其在一定期限内达到投资强度。如达不到要求,将按双控指标要求核减用地。对原企业内部有存量土地或原企业未达定额指标要求的,一律不允许新增用地,新工业项目用地由企业内部挖潜解决。(3)实行供地量与投资强度、产出效益相挂钩。对于投资强度大、产出效益高的项目可以进行单独供地,并按各项定额要求进行建设;对于投资额小于一定金额(如厦门规定额度为1000万元)、生产工艺无特殊要求的工业项目,原则上不再单独供地。(4)禁止"零地价"或象征性地价,不搞无原则优惠让利的恶性竞争进行招商。

四是优化工业用地供应结构。主要体现在工业用地供应的类型上,包括新增工业用地供给和多层标准厂房供给。新增工业用地供给的基本思路已体现在上文的工业用地供应节奏中,不再累述。推行标准厂房有几个明显的优势:(1)节地效果明显。如厦门火炬(翔安)产业区首期标准厂房的容积率达1.94,比低层工业区土地利用率高2~3倍,而翔安综合工业区建设的标准厂房多为4~5层,大幅度提高了建筑密度和容积率。(2)便于管理和应用。集中管理的费用低于分散管理费用,公共资源得以充分利用,避免了重复建设。同时,采用标准厂房,内部空间可随不同工艺要求进行组合,具有较大的灵活性,可以容纳不同的用户,且可随时更换用户,做到建筑资源的重复利用。(3)缩短企业投资周期,提高土利用效率。相比企业自己申请用地、建设厂房的经营模式而言,企业进驻标准厂房能把建厂房的资金和时间节省下来,企业可以有更多的时间和精力搞好生产经营,这样不仅缩短了企业资金的运转周期,也提高了土地利用效率。(4)共享公共资源,避免重复建设。由开发区实施对标准厂房的统一建设、统一招商、统一管理,从而避免入驻园区的中小企业另行建设生活区、搞产区绿化、配消防设施、聘请保安员等。这样,通过统一的市场化运作,建设职工公寓以及其他生活服务配套设施,控制非生产性辅助设施的用地规模,区域性社会资源得到充分共享。

6.3.2.2 编制科学合理的城市规划

科学、合理的规划对提高土地集约利用水平有着积极作用。城市规划的编制必须建立在充分调研基础上,对自然地理环境和社会经济条件进行全面了解和评价后,制定出切实可行的规划。规划对城市性质的定位、城市空间结构的布局、基础设施建设的规模、公共服务设施提供的数量、交通体系的建设等方面,都需要做出科学的安排。城市规划既应注重规划的超前性,为城市发展留下合理的空间;又要注重对城市土地资源的节约集约利用。

6.3.2.3 推进经济结构的战略性调整,提高产业结构高级化程度

造成资源型城市经济衰退的最根本原因在于产业结构单一,以至于资源一旦枯竭,就会使多数资源型城市经济发展出现困难。因此,资源型城市可持续发展的关键问题是加快经济结构战略性调整,发展培育接续替代产业,大力发展民营经济,切实解决发展动力不足的问题。最终目的是实现由单一资源主导型产业结构向多元主导型产业结构的转变,由单一国有经济所有制向多元所有制经济结构转变。城市产业结构优化,不仅能够增加土地收益,而且可以使得城市土地资源得到充分利用,实现资源型城市土地集约利用的目的。

通过加快资源型城市经济转型,不断优化城市产业机构,不仅能够增加土地收益,而且可以使得城市土地资源得到充分利用,实现资源型城市土地集约利用的目的。资源型城市可持续发展的关键问题是加快经济结构战略性调整,发展培育接续替代产业,大力发展民营经济和第三产业,切实解决发展动力不足的问题。转型的最终目的是实现由单一资源主导型产业结构向多元主导型产业结构的转变,由单一国有经济所有制向多元所有制经济结构转变。

6.3.2.4 不断壮大城市规模,充分发挥资源型城市的集聚经济效应

城市的集聚经济效应有利于节约和集约利用城市土地资源,提高城市土地的利用效率。充分考虑并发挥资源型城市的集聚经济效应,有利于集中有限的资本、劳动、技术和信息等生产要素形成整体规模优势,从而提高城市土地资源的投入效率和产出效率,促进资源型城市土地集约利用,进而实现资源型城市的可持续发展。为此,还必须加强资源型城市道路、通信、卫生、文化、教育等基础设施建设,使其成为区域性中心城市,发挥应有的吸纳效应和辐射效应。

6.3.2.5 制定符合资源型城市实际的土地利用规划和土地发展战略

恰当制定项目建设标准,统筹安排各类建设项目,提高资源型城市生态环境质量,科学确定建设规模和发展速度,走内涵式城市发展道路,推动资源型城市的可持续发展。每个资源型城市应该根据自身实际情况,因地制宜,突出特色,编制城市发展规划和土地利用总体规划,加强土地宏观调控,实行土地用途管制。

6.3.3 旅游型城市的土地集约利用

6.3.3.1 发展工业设计产业,推动制造业转型升级

工业设计是科技含量高的生产性服务业,是综合运用科技、艺术、经济等知识,对工业产品的外观、功能、结构、包装、品牌进行提升优化的集成创新活动。加快发展工业设计,对于企业提高自主创新能力,提高产品附加值,推动制造业与服务业融合,全面实现制造业转型升级具有重要意义。同时也有利于构建全产业链发展、价值链高端延伸的现代制造业体系,提高产业竞争力。

一是设计创意园区成为设计企业发展的重要载体。形成了以园区聚集设计企业的模式,园区通过举办活动,组织设计企业走进工业园区和产业集群,了解制造企业的需求,加深对工业设计的认识,扩大了设计市场。

二是公共服务平台成为设计创新的重要支撑。围绕着工业设计产业化,着力打造交易、金融、专利、人才引进和培训,共性技术研发,品牌推介等服务平台。同时,有关部门还扶持建设了一系列技术服务平台。如,创意产品孵化和交易平台、工业设计材料平台、工业设计快速成型技术开发平台、工业设计信息知识库系统平台、工业设计虚拟现实数据信息化平台等,为设计服务提供了良好的技术支撑。

三是多层次教育培训体系。解决了工业设计的人才短缺问题。建立工业设计人才培养体系和职业能力评价体系,人才引进与实训平台也逐步完善,与高校签订了人才引进及实训基地协议,并组团带领园区内设计公司到高校开展人才招聘活动,有效解决了设计公司的人才困境。

四是产业政策为工业设计发展提供了良好环境。通过制定各种鼓励政策,引导制造企业运用工业设计提升产品创新能力,促进了设计与产业的对接。

6.3.3.2 构建建设用地集约与生态协同利用

国土资源部不久前颁布的《节约集约利用土地规定》明确要求,促进现有城镇用地内部结构调整优化,提高生态用地的比例,加大城镇建设使用存量用地的比例,促进城镇用地效率的提高。促进城镇内部结构调整优化、提高生态用地比例,应当将集约与生态统一考虑,走内涵挖掘之路。城镇建设用地集约与生态协同利用,强调提高城镇土地利用的集约度,突出宗地建筑实体部分的集约利用和高效利用;强调宗地内部绿地建设,突出宗地内空地部分的生态高效利用,是实现节约集约利用的有效途径。

实现城镇建设用地集约与生态协同利用,需要构建其理论、技术、管理和政策体系。(1)理论指导。需要开展理论研究,阐明其协同机理,从集约和生态角度建立宗地空间最优配置理论,提出最优配置原则和模型,用理论来指导协同利用。(2)技术支撑。城镇建设用地集约与生态协同利用不仅仅是一种理念,而且是一种新技术,是一个由土地、建筑、生态、低碳、园林、经济等众多学科新理论和新技术集成的技术系统,包括调查技术、评价技术、规划技术、设计技术、实施工程技术等。需要开发上述技术,形成技术体系。(3)标准制定。制定集约和生态协同利用的技术规范和标准,将生态建设指标与建筑集约利用指标关联起来。除了建筑系数、容积率、绿地率等指标外,建立集约与生态协同利用程度、协同效果以及协同效率等评价指标体系。(4)政策推进。借鉴德国、日本、美国等发达国家经验,颁布促进建设用地集约与生态协同利用的法律、法规和规定,制定税收、管理方面的激励和惩罚政策。

6.3.3.3 实施旅游用地分类精细管理

一是区分项目轻重缓急、成熟度、资金到位情况等,对项目进行合理梳理、筛选和排队,实行区别保障;二是严格审核投资强度、产业导向、容积率等,进一步优化资源的节约集约利用水平;三是区分不同产业类别、实施工期、开工时段,对报批条件成熟、符合划拨供地目录的基础设施项目用地,以单独选址的报批方式上报审批;四是对经营性旅游项目用地严格执行招标、拍卖、挂牌制度;五是加大执法监管力度,推动问责制的实施,加强对旅游项目用地的动态巡查和执法监管,建立健全执法监察信息平台、动态巡查和四级监控网络,完善并认真实施国土与公检法、纪检监察联合办案机制,落实纪检监察行政问责制,对违反土地法律政策的,依法实施问责。

7 结 论

  本研究选择工业型城市芜湖市、资源型城市淮北市和生态旅游型城市黄山市三个不同类型的城市进行集约利用评价及空间分异研究。对三个典型城市划分不同的用地功能区,对每种功能用地构建集约利用评价指标体系并实施评价,比较同一功能用地集约利用的空间分异,探索造成空间差异的原因;从理论和实际上探讨不同功能用地的集约利用驱动因素;构建 CA-Markov 模型对不同功能用地集约利用进行动态模拟;最后提出城市土地及内部不同功能区的集约利用对策。具体研究结论如下:

  (1) 分别构建了工业功能区、商业功能区、居住功能区、教育功能区的土地集约利用评价指标体系,采用 RAGA-AHP 方法实施评价。研究结果表明,芜湖市的工业功能区(除三山经济开发区外)比淮北和黄山的工业功能区集约水平要高,其中芜湖经济技术开发区和芜湖高新技术产业开发区达到 0.948 和 0.801,远超过淮北经济开发区的 0.329 和黄山经济开发区的 0.437;就商业功能区而言,芜湖也比淮北和黄山的集约水平高 2~3 倍;就居住功能区而言,三个城市的集约利用水平均不高,差距也不大,集中在 0.3~0.6 之间;就教育功能区而言,黄山市的集约利用水平仅为芜湖和淮北的 1/3~1/4。

  (2) 土地集约利用受多方面因素的影响,包括要素投入对土地的替代作用,也包括土地价格、政策制度等外部因素的影响。在等产量曲线上,当资本、人口、技术投入增加时,土地的投入量会减少;而当土地投入一定时,资本、人口和技术增加,则等产量曲线将向外移,表明当资本、人口和技术投入的增加,会提高土地利用效率,提高土地集约利用水平。土地价格的变化影响各功能区土地的供需关系,当土地价格小于市场均衡价格,供不应求会加速农地非农化。因此,政府应适当提高土地价格尤其是工业用地价格,降低农地非农化速度,提高土地集约利用水平。加大土地政策强度,包括容积率、建筑密度、投入强度、产出强度等门槛,能提高土地集约利用水平。

(3)基于 CA-Markov 模型对芜湖、淮北、黄山三市 2020 年不同功能区利用的预测结果表明:2010—2020 年,工业用地将扩大规模,并且布局更加集中;商业用地将在原有规模的基础上,扩大用地规模,且用地强度明显增大;居住用地布局也将逐渐集中,零散居住用地减少;教育功能区用地规模有一定幅度增加,同时现有部分教育用地将转化为其他类型用地。

(4)城市土地集约利用需要遵循"规划管理控制总量,差别化配置优化增量,综合整治盘活存量、市场机制增效流量,依法行政强化质量"的总体思路,实施基于国土资源综合承载力的建设用地总量控制、多层次的集约评价、用地标准的动态完善、全过程的动态监管,同时要积极总结和探索节地技术和模式。对于城市内各功能区而言,工业功能区应该加强基于生命周期的全过程管理;商业功能区需要有序推进旧城改造,推进现代服务业升级;居住功能区需要提高土地承载功能,改善居民生活方式;教育功能区需要探索有偿使用,优化用地结构,增强节地意识。

参考文献

[1] 人民网.国土部官员谈构建国土资源管理新格局三要点[EB/OL].[2013-11-8] http://www.zsnews.cn/zt/2013sbjsz/news/2013/11/08/2539729_2.shtml.

[2] 王筱明,吴泉源.城市化建设与土地集约利用[J].中国人口·资源与环境,2001,11(52):5-6.

[3] 赵小风,黄贤金.基于分层视角的工业用地集约利用机理研究:以江苏省为例[M].上海:科学出版社,2012.

[4] 赵小风,黄贤金,钟太洋,等.江苏省开发区土地集约利用的分层线性模型实证研究[J].地理研究,2012,31(9):1611-1620.

[5] 钟太洋,黄贤金.农户层面土地利用变化研究综述[J].自然资源学报,2007,22(3):341-352.

[6] 王静,邵晓梅.土地节约集约利用技术方法研究:现状、问题与趋势[J].地理科学进展,2008,27(3):68-74.

[7] 邵晓梅,刘庆,张衍毓.土地集约利用的研究进展及展望[J].地理科学进展,2006,25(3):86-95.

[8] 钱紫华,毛蒋兴.1990年代以来我国城市土地集约利用研究述评[J].中山大学研究生学刊(自然科学、医学版),2005,26(1):37-45.

[9] 朱天明,杨桂山,万荣荣.城市土地集约利用国内外研究进展[J].经济地理,2009,29(6):977-983.

[10] 翟文侠,黄贤金,张强,等.基于层次分析的城市开发区土地集约利用研

究——以江苏省为例[J].南京大学学报(自然科学版),2006,42(1):96-102.

[11] 吴郁玲,曲福田.江苏省开发区土地利用集约度的评价研究[J].长江流域资源与环境,2006,15(6):703-707.

[12] 章其祥,孙在宏,沈剑荣,等.城市土地集约利用潜力评价——以南京市为例[J].南京师大学报(自然科学版),2004,27(3):101-105.

[13] 蒋贵国.成都市工业用地土地集约利用潜力评价研究[J].四川师范大学学报(自然科学版),2007,30(5):652-656.

[14] 朱红梅,王小伟,谭洁.长沙市城市土地集约利用评价[J].经济地理,2008,28(3):442-444.

[15] 李伟芳,吴迅锋,杨晓平.宁波市工业用地节约和集约利用问题研究[J].中国土地科学,2008,22(5):23-27.

[16] 甄江红,成舜,郭永昌,等.包头市工业用地土地集约利用潜力评价初步研究[J].经济地理,2004,24(2):250-253.

[17] 邵晓梅,王静.小城镇开发区土地集约利用评价研究——以浙江省慈溪市为例[J].地理科学进展,2008,27(1):75-81.

[18] 王梅,曲福田.昆山开发区企业土地集约利用评价指标构建与应用研究[J].中国土地科学,2004,18(6):22-27.

[19] 谢敏,郝晋珉,丁忠义,等.城市土地集约利用内涵及其评价指标体系研究[J].中国农业大学学报,2006,11(5):117-120.

[20] 王业侨.节约和集约用地评价指标体系研究[J].中国土地科学,2006,20(3):24-31.

[21] Zheng Hua-yu, Shen Lei. Evaluation of urban land intensive use: take the case of a changing city of Shenzhen as an example[J]. Journal of Natural Resources,2008,23(6):1009-1021.

[22] 汪波,王晓斯.城市工业用地集约评价研究[J].江西农业大学学报(社会科学版),2006,5(3):78-81.

[23] 郭爱清,葛京凤.河北省城市土地集约利用潜力评价方法探讨[J].资源科学,2006,28(4):65-70.

［24］S.S.Y.Lau Sustainable city：a case of multiple and intensive land use in Hong Kong［EB/OL］.［2009 - 10 - 14］http：//www.irbdirekt.de/daten/iconda/CIB9629.pdf.

［25］Ying Zhang,Bert Guindon.Using satellite remote sensing to survey transport-related urban sustainability Part 1：Methodologies for indicator quantification［J］.International journal of applied earth observation and geoinformation,2006,8(3)：149 - 164.

［26］陈海燕,李闽.江苏省城市土地利用集约评价及区域分异特征［J］.中国土地科学,2007,21(5)：61 - 65.

［27］洪增林,薛慧锋.城市土地集约利用潜力评价指标体系［J］.地球科学与环境学报,2006,28(1)：106 - 110.

［28］尹君,谢俊奇,王力,等.基于RS的城市土地集约利用评价方法研究［J］.自然资源学报,2007,22(5)：775 - 783.

［29］王力,牛铮,尹君,等.基于RS和ANN的城市土地集约利用潜力评价［J］.重庆建筑大学学报,2007,29(3)：32 - 35.

［30］林坚,张沛,刘诗毅.论建设用地节约集约利用评价的技术体系与思路［J］.中国土地科学,2009,23(4)：4 - 10.

［31］刘海燕,方创琳,班茂盛.北京市海淀科技园区土地集约利用综合评价［J］.经济地理,2008,28(2)：291 - 296.

［32］宋戈,张文雅,马和.森工城市转型期土地集约利用指标体系的构建与评价——以黑龙江省伊春市为例［J］.中国土地科学,2008,22(10)：31 - 38.

［33］宋戈,崔登攀,陈红霞.有色金属资源城市土地集约利用评价研究——以安徽省铜陵市为例［J］.经济地理,2009,29(2)：280 - 283.

［34］宋吉涛,方创琳,宋吉强,等.大都市边缘区乡镇土地集约利用与增长方式转变评价指标体系研究——以北京市海淀区北部新区4镇为例［J］.资源科学,2007,29(4)：170 - 178.

［35］刘晓丽,班茂盛,宋吉涛,等.城镇土地集约利用与转变增长方式综合评价研究［J］.地理科学进展,2007,26(5)：65 - 76.

[36] Kenneth Button. City management and urban environmental indicators[J]. Ecological Economics,2002,40(2):217-233.

[37] 杨东朗,张晓明,刘萍.基于 PSR 模型的城市土地集约利用评价[J].陕西师范大学学报(自然科学版),2008,36(1):90-93.

[38] 张富刚,郝晋珉,姜广辉,等.中国城市土地利用集约度时空变异分析[J].中国土地科学,2005,19(1):23-29.

[39] 王广洪,黄贤金,姚丽.国家级园区用地相对集约度及其时空分异研究[J].中国土地科学,2007,21(4):18-25.

[40] 彭建超,徐春鹏,吴群,等.长三角地区城市土地利用集约度区域分异研究[J].中国人口、资源与环境,2008,18(2):103-109.

[41] 李进涛,谭术魁,汪文雄.基于 DPSIR 模型的城市土地集约利用时空差异的实证研究——以湖北省为例[J].中国土地科学,2009,23(3):49-54.

[42] 黎一畅,周寅康,吴林,等.城市土地集约利用的空间差异研究——以江苏省为例[J].南京大学学报(自然科学),2006,42(3):309-315.

[43] 冯科,吴次芳,刘勇.浙江省城市土地集约利用的空间差异研究——以 PSR 与主成分分析的视角[J].中国软科学,2007,(2):102-108.

[44] 冯科,郑娟尔,韦仕川,等.GIS 和 PSR 框架下城市土地集约利用空间差异的实证研究——以浙江省为例[J].经济地理,2007,27(5):811-815.

[45] Raymond Y.C.Tse. Impact of comprehensive development zoning on real estate development in Hong Kong[J]. Land Use Policy,2001,18(4):321-328.

[46] 谭丹,黄贤金,胡初枝,等.不同行业工业用地集约利用水平比较研究——以江苏省典型区域为例[J].江西科学,2008,26(6):922-927.

[47] 顾湘,王铁成,曲福田.工业行业土地集约利用与产业结构调整研究——以江苏省为例[J].中国土地科学,2006,20(6):3-8.

[48] 徐慧,黄贤金,姚丽,等.江阴市电力行业用地集约利用评价[J].中国土地科学,2010,24(1):43-49.

[49] 李景刚,欧名豪,刘志坚,等.江苏省开发区土地集约利用潜力研究[J].中国人口·资源与环境,2006,16(6):129-134.

[50] 吴郁玲,曲福田.中国城市土地集约利用的影响机理:理论与实证研究[J].资源科学,2007,29(6):106-113.

[51] 吴郁玲,曲福田,周勇.城市土地市场发育于土地集约利用分析及对策——以江苏开发区为例[J].资源科学,2009,31(2):303-309.

[52] Tan Dan, Huang Xianjin. Influencing factors of the levels of intensive use of typical industrial land [J]. China Population, Resources and Environment, 2008,18(3):54-57.

[53] 何书金,苏光全.开发区闲置土地成因机制及类型划分[J].资源科学,2001,23(5):17-22.

[54] 谭峻,韦晶磊.北京中关村科技园区工业用地用途变更调控机制研究[J].地域研究与开发,2008,27(3):98-102.

[55] 赵丽,付梅臣,张建军,等.乡镇土地集约利用评价及驱动因素分析[J].农业工程学报,2008,24(2):89-95.

[56] 谭丹,黄贤金,周峰,等.工业用地集约水平影响因素实证研究——以常州、南通、盐城为例[J].城市问题,2009,(2):41-44.

[57] Salvador del Saz-Salazar, Leandro Garcia-Menendez. Public provision versus private provision of industrial land: a hedonic approach [J]. Land Use Policy,2005,22(3):215-223.

[58] 吴郁玲,曲福田,冯忠垒.城市开发区土地集约利用的影响因素分析——以江苏省为例[J].经济问题探索,2006(8):53-60.

[59] 马涛.产业规划:城市产业用地集约利用实现途径及其经济机理分析——基于土地空间特性的视角[J].上海交通大学学报(哲学社会科学版),2008,16(6):75-81.

[60] 曹银贵,袁春,王静,等.1997—2005年区域城市土地集约度变化与影响因子分析[J].地理科学进展,2008,27(3):86-93.

[61] 王家庭,季凯文.城市土地集约利用动力机制研究[J].城市问题,2008(8):9-14.

[62] S.S.Y.Lau, R.Giridharan, S.Ganesan. Multiple and intensive land use:

case studies in Hong Kong[J]. Habitat international,2005,29(3):527-546.

[63] Jorge Curiel-Esparza, Julian Canto-Perello, Maria A.Calvo. Establishing sustainable strategies in urban underground engineering [J]. Science And Engineering Ethics,2004(10):523-530.

[64] Shu-Wen Lin, Tai-Ming Ben. Impact of government and industrial agglomeration on industrial land prices: A Taiwanese case study[J]. Habitat International,2009,33(4):412-418.

[65] Nguyen Xuan Thinh, Gunter Arlt, Bernd Heber, et al. Evaluation of urban land-use structures with a view to sustainable development [J]. Environmental Impact Assessment Review,2002,22(5):475-492.

[66] Yuan Meng, Feng-Rong Zhang, Ping-Li An, et al. Industrial land-use efficiency and planning in shunyi, Beijing [J]. Landscape and Urban Planning,2008,85(1):40-48.

[67] Jieming Zhu. Industrial globalization and its impact on Singapore's industrial landscape[J].Habitat International,2002,26(2):177-190.

[68] 朱天明,杨桂山,苏伟忠,等.长三角地区城市土地集约利用与经济社会发展协调评价[J].资源科学,2009,31(17):1109-1116.

[69] K.T. Geurs. Job accessibility impacts of intensive and multiple land-use scenarios for the Netherlands' Randstad Area[J]. Journal of Housing and the Built Environment,2006,21(1):51-67.

[70] Katie Williams. Can urban intensification contribute to sustainable cities? [EB/OL].[2009-11-8] http://unpan1.un.org/intradoc/groups/public/documents/APCITY/UNPAN026009.pdf.

[71] C. Y. Jim. Green-space preservation and allocation for sustainable greening of compact cities[J]. Cities,2004,21(4):311-320.

[72] Haiyan Chen, Beisi Jia, S.S.Y.Lau. Sustainable urban form for Chinese compact cities: challenges of a rapid urbanized economy[J]. Habitat International,2008,32(1):28-40.

[73] Gert de Roo, Donald Miller. Compact cities and sustainable urban development: a critical assessment of policies and plans from an international perspective[M]. Aldershot: Ashgate Publishing, 2000.

[74] Burton, E. Measuring urban compactness in UK towns and cities [J]. Environment and Planning B: Planning and Design, 2002, 29(2): 219 - 250.

[75] M. Taleai, A. Sharifi, R. Sliuzas, et al. Evaluating the compatibility of multi-functional and intensive urban land uses[J]. International Journal of Applied Earth Observation and Geoinformation, 2007, 9(4): 375 - 391.

[76] Yu Shi Ming, Ho Kim Hin. Planned urban industrialization and its effect on urban industrial real estate valuation: the Singapore experience[J]. Habitat International, 2006, 30(3): 509 - 539.

[77] Erling Holden. Ecological footprints and sustainable urban form[J]. Journal of Housing and the Built Environment, 2004, 19(1): 91 - 109.

[78] 吴燕,陈秉钊.高科技园区的合理规模研究[J].城市规划汇刊,2004(6): 78 - 82.

[79] Tatsuhito Kono, Takayuki Kaneko. Necessity of minimum floor area ratio regulation: a second-best policy[J]. The Annals of Regional Science, 2008(8): 523 - 539.

[80] Kirti Kusum Joshi, Tatsuhito Kono. Optimization of floor area ratio regulation in a growing city[J]. Regional Science and Urban Economics, 2009, 39(4): 502 - 511.

[81] 潘琦,王丽青.城市土地集约利用与土地置换[J].中国土地科学,1996, 10(2): 1 - 4.

[82] 袁开国,刘锬,王丽淑.湖南省工业用地增长机制与途径[J].经济地理, 2009, 29(3): 489 - 493.

[83] Jieming Zhu. The impact of industrial land use policy on industrial change[J]. Land Use Policy, 2000, 17(1): 21 - 28.

[84] 毛蒋兴,闫小培,王爱民,等.20世纪90年代以来我国城市土地集约利

用研究述评[J].地理与地理信息科学,2005,21(3):48-53.

[85] Mike Jenks, Elizabeth Burton, Katie Williams. Debating urban compaction[M]. London: E&F Spon,1996.

[86] Katie Williams. Urban intensification policies in England: problems and contradictions[J]. Land Use Policy,1999,16(3):167-178.

[87] S. S. Y. Lau, R. Giridharan, S. Ganesan. Policies for implementing multiple intensive land use in Hong Kong[J]. Journal of Housing and the Built Environment,2003,18(4):365-378.

[88] 赵鹏军,彭建.城市土地高校集约化利用及其评价指标体系[J].资源科学,2001,22(5):23-27.

[89] 赵小风,黄贤金,肖飞.中国城市土地储备研究进展及展望[J].资源科学,2008,30(11):1715-1722.

[90] 罗鸿铭.城市土地资源集约化配置模式与利用策略选择[J].现代财经,2004,24(7):22-25.

[91] 姜海,曲福田.县域建设用地集约水平影响因素计量分析——以江苏省为例[J].中国土地科学,2008,22(8):4-6.

[92] 班茂盛,方创琳,宋吉涛.国内外开发区土地集约利用的途径及其启示[J].世界地理研究,2007,16(3):45-50.

[93] 徐建华.现代地理学中的数学方法(第二版)[M].北京:高等教育出版社,2002.

[94] 周明,孙树栋.遗传算法原来及应用[M].北京:国防工业出版社,1999.

[95] 苏安玉.三江平原地区湿地生态承载力评价研究[D].南京大学博士学位论文,2007.

[96] 郭亚军,易平涛.线性无量纲化方法的性质分析[J].统计研究,2008,25(2):93-100.

[97] 李小建.经济地理学[M].北京:高等教育出版社,2006.

[98] 丁成日.城市空间规划——理论、方法与实践[M].北京:高等教育出版社,2007:34-39.

[99] 周江,高崇辉,龙福堂.城市土地集约利用系统驱动机制初探[J].科技经济市场,2008(7):111-113.

[100] 王极.高校教育用地集约利用评价研究——以吉林大学为例[D].吉林大学,2013.

[101] 吴郁玲.基于土地市场发育的土地集约利用机制研究[D].南京农业大学博士学位论文,2007.

[102] Amnon Frenkel. 2001.Why High-technology Firms Choose to Locate in or Near Metropolitan Areas. Urban Studies,38(7):1083-1101.

[103] 江曼琦.城市空间结构优化的经济分析[M].北京:人民出版社,2001.

[104] 叶嘉安,宋小冬,钮心毅,等.地理信息与规划支持系统[M].科学出版社,2006.

[105] 高玉宏,张丽娟,李文亮,等.基于空间模型和CA的城市用地扩展模拟研究——以大庆市为例[J].地理科学.2010,30(5):723-727.

[106] 乔纪纲,何晋强.基于分区域的元胞自动机及城市扩张模拟[J].地理与地理信息科学. 2009,25(3):67-70.

[107] Gobin A. 2002. Logistic modeling to derive agricultural land use determinants: a case study from southeasten Nigeria [J]. Agriculture, Ecasystems and Environment, 89:213-228.

[108] 罗平.地理特征元胞自动机及城市土地利用演化研究[D].武汉大学,2004.

[109] 黄贤金,姚丽,王广洪.工业用地:基于特征、集约模式与调控策略[C].土地开发利用与区域经济增长:2007年海峡两岸土地学生研讨会论文集.

附录 A 专家打分表

专家打分表

工业功能区土地集约利用程度评价指标权重确定专家打分表

专家姓名_____

因素	权重值	指标	权重值
土地利用强度		综合容积率	
		建筑密度	
		工业用地综合容积率	
		工业用地建筑密度	
工业用地投入产出效益		单位用地固定资产总额	
		单位用地工业产值	
基础设施情况		基础设施完备度	

商业功能区土地集约利用程度评价指标权重确定专家打分表

专家姓名_____

因素	权重值	指标	权重值
土地利用强度		综合容积率	
		建筑密度	
土地利用效益		单位用地从业职工数	
		单位用地营业额	
		商业地价实现水平	
商业配套及氛围		基础设施完备度	
		商业辐射能力	

附录A 专家打分表

居住功能区土地集约利用程度评价指标权重确定专家打分表

专家姓名_____

因素	权重值	指标	权重值
土地利用强度		综合容积率	
		建筑密度	
		绿地率	
土地利用效益		房价地价比	
		人口密度	
服务设施配套		生活服务设施完备度	
		基础设施完备度	

教育功能区土地集约利用程度评价指标权重确定专家打分表

专家姓名_____

因素	权重值	指标	权重值
土地利用结构		教学科研设施用地率	
		生活服务设施用地率	
		绿地率	
土地利用强度		综合容积率	
		建筑密度	
土地利用效益		单位用地服务学生数	
		地均教育经费投入	
		基础设施完备度	

附录B 全部企业数据表

表1 芜湖高新技术产业开发区

序号	企业名称	工业代码	建筑基底面积（hm²）	总建筑面积（hm²）	容积率	建筑密度(%)
1	芜湖中集瑞江汽车有限公司	37	16.92	45.65	1.22	45.36
2	芜湖易和福达汽车销售服务有限公司	37	13.93	77.62	0.99	17.84
3	芜湖市育红印务有限公司	22	0.72	2.91	1.01	25.00
4	天润压力容器有限公司	31	12.87	17.31	0.67	49.74
5	芜湖蓉欣电子有限公司	40	1.26	7.56	1.02	26.80
6	芜湖联合电子有限公司	40	1.84	3.09	0.98	58.41
7	逸家窗业	18	3.63	7.81	0.78	36.26
8	三利公司	22	9.32	12.95	0.58	42.36
9	安徽舒雅集团金丝鸟服饰有限责任公司	18	6.71	20.26	0.77	38.67
10	芜湖瑞达医药有限公司	27	4.79	8.72	0.92	50.42
11	芜湖市星光合成材料有限公司	30	1.84	4.06	0.73	33.45
12	芜湖康奇制药有限公司	27	13.97	23.53	0.67	40.75
13	成林公司	21	3.01	5.26	0.93	53.27
14	安徽凯宇机械制造有限公司	39	6.97	14.89	0.98	46.46

续　表

序号	企业名称	工业代码	建筑基底面积（hm²）	总建筑面积（hm²）	容积率	建筑密度(%)
15	华安汽配	37	14.02	22.89	0.97	59.43
16	芜湖鑫海塑料有限责任公司	30	0.26	0.26	0.72	72.22
17	芜湖市日月星工贸有限公司	22	0.26	0.26	0.72	72.22
18	芜湖卓达科技有限公司	40	0.26	0.26	0.72	72.22
19	芜湖兴业特种玻璃有限责任公司	31	0.53	0.53	0.70	75.71
20	芜湖龙鼎科工贸有限公司	40	0.26	0.26	0.69	70.27
21	宏昌汽配公司	37	0.19	0.19	0.59	59.37
22	德维尔热能公司	34	0.19	0.19	0.56	56.04
23	宁湖模塑公司	30	0.36	0.36	0.70	70.03
24	太平洋塑胶	30	0.19	0.19	0.70	70.01
25	长江坝业公司	36	0.19	0.19	0.70	70.01
26	龙鼎科技公司	40	0.19	0.19	0.70	70.01
27	晶鑫灯饰公司	39	0.18	0.78	0.68	45.65
28	轻型汽配公司	37	0.54	0.54	0.67	67.50
29	菲尔凯特纺机控制设备（芜湖）有限公司	39	0.54	0.54	0.76	76.05
30	万里达新能源有限公司	30	0.36	0.72	0.87	41.37
31	可炎化学材料公司	26	0.36	0.72	0.87	41.37
32	合肥工业大学塑性成形研究院	30	0.36	0.72	0.87	41.37
33	芜湖艺泰服饰有限公司	18	0.36	0.72	0.87	41.37
34	天驰服饰有限公司	18	0.36	0.72	0.87	41.37
35	万顺针织有限公司	17	0.36	0.72	0.87	41.37
36	天鑫电装公司	40	0.36	0.72	0.87	41.37

续 表

序号	企业名称	工业代码	建筑基底面积（hm²）	总建筑面积（hm²）	容积率	建筑密度(%)
37	埃泰特汽车电子（芜湖）有限公司	40	0.36	0.72	0.87	41.37
38	芜湖中加生物制药股份有限公司	40	0.36	0.72	0.87	41.37
39	芜湖新飞汽车电子有限公司	40	0.36	0.72	0.87	41.37
40	芜湖中和建材有限责任公司	31	0.36	0.72	0.87	41.37
41	芜湖可耐胶带有限公司	30	1.08	2.16	0.71	30.42
42	芜湖瑞克技术有限公司	40	0.36	0.72	0.87	41.37
43	芜湖中加生物制药股份有限公司	27	0.36	0.72	0.87	41.37
44	智诚纺织服装进口有限公司	18	0.36	0.72	0.87	41.37
45	尹瑞动力电源科技有限公司	30	0.36	0.72	0.87	41.37
46	安徽舒雅集团	26	0.72	1.44	0.98	49.31
47	芜湖欣平兴包装工业有限公司	22	8.81	19.87	0.91	39.40
48	维特根中国	40	6.19	15.01	0.76	48.81
49	德儿福派特电器系统有限公司	40	3.93	10.79	1.02	37.18
50	芜湖动漫产业基地	40	8.93	19.77	0.89	42.01
51	芜湖军瑞汽车部件制造有限公司	35	0.81	0.81	0.78	75.27
52	芜湖三益弘达医药有限公司	27	13.93	26.28	0.98	52.14
53	芜湖军瑞汽车部件制造有限公司	35	1.55	3.78	1.03	42.46
54	安徽凯宇机械制造有限公司	35	1.96	6.83	0.95	38.89

续 表

序号	企业名称	工业代码	建筑基底面积（hm²）	总建筑面积（hm²）	容积率	建筑密度(%)
55	科华新型材料应用有限责任公司	26	1.42	4.27	1.13	37.66
56	芜湖三益弘达医药有限公司	27	1.49	4.92	1.11	32.32
57	科华新型材料应用有限责任公司	26	5.89	6.89	0.67	57.29
58	芜湖华林过滤材料有限公司	26	10.59	20.69	0.89	42.33
59	芜湖市杨业包装有限公司	22	0.80	0.80	0.77	77.66
60	芜湖鑫瑞阳光医药有限公司	27	0.88	2.66	1.01	33.08
61	芜湖市杨业包装有限公司	22	0.88	2.20	0.98	42.71
62	成林新型材料有限公司	26	0.87	7.56	1.02	32.12
63	芜湖卷烟材料厂	20	15.66	30.87	1.11	56.31
64	芜湖盛力制动有限公司	39	13.56	33.05	1.23	50.48
65	新亚特电缆股份有限公司	39	46.83	84.45	0.71	39.37
66	奇瑞新能源汽车有限公司	37	1.8	3.6	1.02	51.42
67	芜湖盛力制动有限公司	37	1.49	2.25	1.01	66.67
68	芜湖中集瑞江汽车有限公司	37	19.32	36.65	1.21	63.80
69	芜湖换瑞汽车内饰有限公司	37	4.78	9.56	1.02	61.17
70	鸿瑞机械	35	0.83	0.83	0.78	78.30
71	爱德机械	35	1.62	1.62	0.79	77.71
72	芜湖明远电力设备制造设备有限公司	35	2.75	7.39	1.34	50.00
73	科华新型材料应用有限责任公司	30	3.52	6.49	0.67	36.66
74	南京金正奇芜湖分公司	30	3.07	10.83	1.34	38.37

续 表

序号	企业名称	工业代码	建筑基底面积（hm²）	总建筑面积（hm²）	容积率	建筑密度(%)
75	芜湖风雪橡胶公司	29	6.13	22.32	1.23	33.79
76	芜湖常胜机械制造有限工地	40	2.17	4.35	0.89	44.46
77	恒生电器厂区	40	2.05	8.22	1.53	38.03
78	芜湖市宏达汽配橡塑密封件厂	30	0.96	2.88	1.02	35.07
79	天远科技	40	1.46	2.91	0.97	48.67
80	安徽宜万丰电器有限公司	40	1.04	1.04	0.67	69.33
81	芜湖万迪浮汽车部件有限公司	37	1.46	2.72	0.89	47.86
82	华东光电	40	6.37	25.48	1.23	30.75
83	芜湖黄燕实业有限公司	37	2.16	2.16	0.69	69.67
84	芜湖市东汇储运有限公司	31	3.31	3.31	0.67	67.55
85	芜湖泰和管业有限公司	31	0.36	0.36	0.67	67.92
86	芜湖国力电器有限公司	39	1.61	4.59	1.04	43.51
87	梁氏铜业	32	0.83	2.28	1.03	44.86
88	芜湖华丽工程机械有限公司	37	1.90	8.71	1.05	34.54
89	芜湖同力太阳能有限公司	36	1.83	3.90	1.03	48.14
90	芜湖聚达橡塑密封件有限公司	30	6.72	10.64	1.01	63.98
91	强加帆布	18	25.21	89.35	1.32	37.24
92	新亚特电缆股份有限公司	40	27.98	83.94	1.45	48.34
93	海尚集团	18	7.25	17.98	1.54	62.28
94	奇瑞新能源汽车有限公司	37	11.82	20.94	0.67	35.48
95	芜湖卷烟材料厂	37	3.90	8.90	1.37	60.93

表2 芜湖经济技术开发区

序号	企业名称	工业代码	建筑基底面积（hm²）	总建筑面积（hm²）	容积率	建筑密度(%)
1	安徽华夏电子有限公司	40	8.50	12.66	0.69	47.22
2	安徽鑫科新材料股份有限公司	31	3.43	3.43	0.76	76.77
3	芜湖铜冠电工有限公司	40	1.37	1.87	1.02	74.74
4	韵达快递		2.25	2.25	0.69	69.08
5	华亚(芜湖)塑胶配件有限公司	30	0.39	0.39	0.69	69.64
6	亚新科噪声与振动技术(芜湖)有限公司	40	1.15	1.15	0.69	71.87
7	芜湖国风塑胶科技有限公司	30	2.00	2.00	0.76	76.06
8	安徽华辰造纸网股份有限公司	22	0.91	0.91	0.76	76.46
9	芜湖软件园	40	1.10	1.10	0.76	76.09
10	芜湖东方生物药业有限责任公司	27	0.56	0.56	0.76	76.00
11	芜湖仁德堂药业有限公司	27	0.50	0.50	0.76	75.99
12	美的电子	40	1.82	1.82	0.76	76.00
13	芜湖精工电机有限公司	40	0.77	0.77	0.68	69.30
14	奇瑞汽车规划设计一院	37	14.37	43.10	1.59	53.02
15	奇瑞汽车股份有限公司研发楼	37	26.01	30.07	0.89	57.80
16	芜湖永达科技有限公司	40	1.47	1.47	0.76	75.00
17	奇瑞汽车股份有限公司	37	22.70	22.70	0.76	76.01
18	俊捷汽车维修中心	37	3.57	3.57	0.72	72.12
19	奇瑞乘用车工程研究二院	37	3.31	3.31	0.72	72.01
20	安徽鑫科新材料股份有新公司	30	4.05	7.93	1.18	60.26
21	芜湖明远电力设备制造厂	35	2.88	7.99	1.26	45.42

续 表

序号	企业名称	工业代码	建筑基底面积（hm²）	总建筑面积（hm²）	容积率	建筑密度(%)
22	芜湖新兴铸管公司	39	3.78	8.58	1.19	52.43
23	天金机械	39	0.33	0.33	0.77	78.57
24	芜湖新恒纬电器有限责任公司	39	0.67	1.67	1.01	40.60
25	安徽省力通稀土钢缆有限公司	39	0.30	0.93	1.00	32.35
26	芜湖市泰来机械制造有限公司	39	0.42	0.72	1.13	66.67
27	安徽省力通稀土钢缆有限公司	39	0.39	0.89	1.01	44.31
28	常裕机电	40	0.81	1.01	0.89	73.63
29	瑞鹄汽车模具有限公司	39	1.17	2.17	0.76	41.78
30	华东光电所	39	3.55	7.37	1.05	60.37
31	芜湖市泰来机械制造有限公司	39	0.60	2.60	1.42	33.33
32	芜湖新恒纬电器有限责任公司	39	2.62	3.62	0.66	47.81
33	兴发制药	27	0.87	1.67	0.76	43.50
34	芜湖福达汽车零部件有限公司	39	1.08	1.68	0.76	49.09
35	长信科技工业园		3.41	10.65	1.04	33.49
36	天金机械	39	0.23	0.23	0.76	76.67

表3 黄山经济开发区

序号	企业名称	工业代码	建筑基底面积（hm²）	总建筑面积（hm²）	容积率	建筑密度(%)
1	新雅家具有限公司	21	3.59	5.80	0.58	35.00
2	木塑专家有限公司	20	3.23	3.23	0.71	71.00
3	富林电子	40	6.64	9.72	0.72	49.22
4	黄山克里得	40	1.01	2.02	1.03	78.57

续 表

序号	企业名称	工业代码	建筑基底面积（hm²）	总建筑面积（hm²）	容积率	建筑密度(%)
5	赛福特电器	40	2.53	6.27	1.21	48.82
6	黄山雅县有限公司	40	1.68	1.68	0.71	70.98
7	黄山电器	40	2.80	6.27	1.02	44.65
8	汽车零部件公司	37	1.47	2.32	0.98	62.09
9	玉坤股份	40	7.06	8.30	0.89	75.75
10	罗马电线	40	0.15	0.15	0.71	68.18
11	黄山格拉斯机械有限公司	36	1.57	2.01	0.77	56.78
12	春天集团	17	1.62	4.97	1.21	39.51
13	时源集团	18	0.38	0.38	0.67	67.01
14	德龙服装	18	1.93	4.23	1.02	46.61
15	黄山东晶科技有限公司	35	0.51	0.51	0.71	71.83
16	北川电子科技	40	2.01	2.01	0.77	77.31
17	中皇制药	27	1.00	1.00	0.67	67.11
18	海尔仪针织有限公司	18	1.51	1.51	0.78	77.51
19	汽车贸易中心	37	1.58	2.41	1.01	66.21
20	合成材料制造	26	0.94	1.45	0.71	47.01
21	黄山拓达科技	40	3.61	4.93	0.78	60.16
22	黄山泰克轨道电器有限公司	36	0.98	1.98	1.01	49.49
23	兴永锦针	18	0.62	1.57	1.21	48.06
24	大中国针织有限公司	18	0.96	0.96	0.69	71.69
25	物资再生利用有限公司	43	3.29	3.29	0.76	76.16

表4 黄山九龙低碳经济园

序号	企业名称	工业代码	建筑基底面积（hm²）	总建筑面积（hm²）	容积率	建筑密度(%)
1	黄山正元电器有限公司	40	5.81	11.62	1.21	60.52
2	黄山耀星机械有限公司	39	1.27	2.27	1.03	57.72

续　表

序号	企业名称	工业代码	建筑基底面积（hm²）	总建筑面积（hm²）	容积率	建筑密度（%）
3	黄山市必利精密塑业科技有限公司	40	4.23	5.23	1.04	84.26
4	广远光电	40	2.78	3.78	0.67	46.33
5	中河电器	40	4.21	8.42	1.08	54.25
6	金屹电源	40	5.38	7.89	1.02	69.87

表5　凤凰山经济开发区

序号	企业名称	工业代码	建筑基底面积（hm²）	总建筑面积（hm²）	容积率	建筑密度（%）
1	安徽飞亚纺织发展股份有限公司	18	4.01	6.99	0.72	41.51
2	淮北市辉克药业有限公司	27	2.34	6.96	0.91	30.63
3	安徽龙波电气有限公司	39	0.40	1.40	1.00	28.57
4	华润雪花啤酒（淮北）有限公司	15	4.89	7.29	0.86	57.73
5	淮北娜艺斯有限公司	39	0.27	1.27	1.23	27.00
6	曦强乳业集团	15	0.83	1.23	0.79	53.54
7	天宏集团	36	0.62	1.23	0.98	49.20
8	淮北丰原有限公司	14	0.37	0.37	0.75	75.51
9	淮北东磁电子有限公司	40	1.63	2.29	0.84	59.49
10	淮北金鸿制衣厂	18	0.2	0.2	0.67	66.67
11	巨盾矿山机械公司	39	0.33	1.02	1.01	29.41
12	创业基地	39	0.65	0.81	0.78	63.11
13	酒厂	15	0.41	0.41	0.67	67.00
14	安徽久丰酒业	15	0.80	0.80	0.76	76.02
15	安徽金冠玻璃有限责任公司	31	1.69	1.97	0.57	65.89
16	汽车制造	37	0.61	0.98	0.89	55.45

续 表

序号	企业名称	工业代码	建筑基底面积（hm²）	总建筑面积（hm²）	容积率	建筑密度(%)
17	淮北万里昌泰电气有限公司	40	1.27	1.49	0.87	73.84
18	安徽华松集团淮北医药有限公司	27	1.25	1.65	0.85	64.77
19	中德矿山机器公司	39	0.32	0.43	1.01	75.29
20	宏达新型建筑材料厂	36	0.09	0.09	0.67	69.23
21	淮北市濉溪徐口子酒厂	15	0.16	0.16	0.76	69.57
22	龙脊生物农药公司	26	0.20	0.20	0.66	66.67
23	安徽省正大源集团	35	1.61	3.21	0.79	40.51
24	思朗包装	22	1.50	2.5	0.42	48.54

表6 淮北经济开发区

序号	企业名称	工业代码	建筑基底面积（hm²）	总建筑面积（hm²）	容积率	建筑密度(%)
1	安徽电器有限公司	39	0.38	0.43	0.79	70.37
2	宏皖电动有限公司	35	0.54	0.74	0.98	72.00
3	重泰机电有限公司	39	0.48	1.02	1.02	48.00
4	纺织企业	17	0.21	0.35	0.79	43.75
5	淮北津奥铝业	33	1.05	2.03	1.02	52.76
6	淮北龙湖特凿机械制造有限公司	39	2.64	2.87	0.78	72.22
7	蒲城物资	42	1.79	3.45	1.02	51.88
8	安徽天龙康泰化工股份有限公司	26	1.34	2.67	0.78	39.18
9	安徽干一机械	39	1.41	1.78	0.93	74.21
10	淮北金源工贸有限责任公司	25	0.52	0.79	0.91	65.00
11	丰盛泰集团	39	1.37	1.98	0.91	65.23
12	中煤七十二处结构厂	36	0.55	1.03	1.01	53.39

续　表

序号	企业名称	工业代码	建筑基底面积（hm²）	总建筑面积（hm²）	容积率	建筑密度(%)
13	安来机电公司	39	1.21	2.43	0.93	46.15
14	安徽天象新能源科技有限公司	40	0.09	0.23	1.01	45.00
15	宝洋公司	40	0.68	0.97	0.89	67.78
16	安徽盛唐	34	1.23	1.45	0.88	75.00
17	淮北经济开发区委员会	40	0.40	1.58	1.00	25.31
18	中煤七十二处结构厂	36	0.63	1.53	0.99	31.50
19	安来机电公司	39	0.34	1.56	1.11	30.91
20	丰盛泰集团	40	0.68	1.89	1.21	43.58
21	安徽干一机械	39	0.16	0.34	1.01	47.05
22	淮北金源工贸有限责任公司	20	0.13	0.35	0.98	37.14
23	创奇设备有限公司	40	0.15	0.34	0.99	44.11
24	淮北津奥铝业	31	0.62	2.51	1.22	31.11
25	淮北龙涂铝材有限公司	31	0.30	0.87	1.11	37.50
26	安徽电器有限公司	40	1.03	1.34	0.98	73.57

附录 C 集约利用评价部分过程

工业功能区调研数据（部分）

序号	企业名称	工业代码	建筑基底面积（hm²）	总建筑面积（hm²）	容积率	建筑密度(%)
1	安徽华夏电子有限公司	40	8.50	12.66	0.69	47.22
2	安徽鑫科新材料股份有限公司	31	3.43	3.43	0.76	76.77
3	芜湖铜冠电工有限公司	40	1.37	1.87	1.02	74.74
4	韵达快递	—	2.25	2.25	0.69	69.08
5	华亚(芜湖)塑胶配件有限公司	30	0.39	0.39	0.69	69.64
6	亚新科噪声与振动技术(芜湖)有限公司	40	1.15	1.15	0.69	71.87
7	芜湖国风塑胶科技有限公司	29	2.00	2.00	0.76	76.06
8	安徽华辰造纸网股份有限公司	22	0.91	0.91	0.76	76.46
9	芜湖软件园	40	1.10	1.10	0.76	76.09
10	芜湖东方生物药业有限责任公司	27	0.56	0.56	0.76	76.00
11	芜湖仁德堂药业有限公司	27	0.50	0.50	0.76	75.99
12	美的电子	40	1.82	1.82	0.76	76.00
13	芜湖精工电机有限公司	40	0.77	0.77	0.68	69.30
14	奇瑞汽车规划设计一院	37	14.37	43.10	1.59	53.02

续 表

序号	企业名称	工业代码	建筑基底面积（hm²）	总建筑面积（hm²）	容积率	建筑密度(%)
15	奇瑞汽车股份有限公司研发楼	37	26.01	30.07	0.89	57.80
16	芜湖永达科技有限公司	40	1.47	1.47	0.76	75.00
17	奇瑞汽车股份有限公司	37	22.70	22.70	0.76	76.01
18	俊捷汽车维修中心	37	3.57	3.57	0.72	72.12

工业功能区指标标准化

城市	开发区名称	综合容积率	建筑密度	工业用地综合容积率	工业用地建筑密度	单位用地固定资产总额（万元/hm²）	单位用地工业产值（万元/hm²）	基础设施完备度
芜湖市	芜湖高新技术产业开发区	0.7703	0.7100	0.9437	0.5156	0.8309	0.7700	1.0000
	三山经济技术开发区	0.1216	0.0216	0.0141	0.1587	0.0000	0.0000	0.0000
	芜湖经济技术开发区	1.0000	0.6660	1.0000	0.6890	1.0000	1.0000	1.0000
淮北市	淮北经济开发区	0.5811	0.1067	0.2254	0.0000	0.3822	0.3236	0.5000
	凤凰山经济开发区	0.0000	0.0000	0.0000	0.0538	0.3485	0.2998	0.5000
黄山市	黄山经济开发区	0.5541	1.0000	0.3803	1.0000	0.3707	0.1355	0.5000
	黄山九龙低碳经济园	0.1081	0.5037	0.1549	0.2626	0.2250	0.0982	0.5000

商业功能区调研数据（部分）

片区编号	面积（hm²）	综合容积率	建筑密度	基础设施完备度	单位用地从业职工数（人/hm²）	单位用地营业额（万元/hm²）	商业辐射能力
中山路步行街	26.78	2.50	0.4167	1	161	304.2	服务半径为25000 m
老街	105.26	1.54	0.6377	1	171	414.4	服务半径为35000 m
淮北商业街	207.41	1.88	0.3767	2	328	210.9	服务半径为30000 m

商业功能区指标标准化

编号	综合容积率	建筑密度	单位用地从业人数（人/hm²）	单位用地营业额（万元/hm²）	基础设施完备度	商业辐射能力
芜湖市	1.0000	0.1533	0.0000	1.0000	1.0000	1.0000
淮北市	0.3542	0.0000	1.0000	0.0000	0.0000	0.0000
黄山市	0.0000	0.0100	0.2415	0.4936	0.0000	0.1000

居住功能区调研数据（部分）

名称	规划户数（户）	均价（元/m²）	规划容积率	规划绿地率	备注	规划建筑面积（m²）	规划占地面积（m²）	层数	宗地面积（m²）	建筑面积（m²）	单元数	户数	个数	总户数
伟星 左岸生活	5000	7300	2.40	0.60	十六	699000	230000	24	725	104400	4	8	6	4608
伟星 左岸生活	5000	7300	2.40	0.60	十六	699000	230000	30	334	30060	1	2	3	180
伟星 左岸生活	5000	7300	2.40	0.60	十六	699000	230000	18	610	54900	2	4	5	720
伟星 左岸生活	5000	7300	2.40	0.60	十六	699000	230000	6	820	54120	3	6	11	1188
景江东方小区	6000	6437	1.49	0.38	三	5397	62000	7	1195	133840	3	6	16	2016
景江东方小区	6000	6437	1.49	0.38	三	5397	62000	7	559	23478	2	4	6	336
香格里拉花园	10000	5665	1.25	0.46	三	7033	5890	7	1078	377300	2	4	50	2800
香格里拉花园	10000	5665	1.25	0.46	三	7033	5890	21	361	60648	2	4	8	1344
香樟城市花园	4200	8200	1.25	0.43	十三	270000	216000	11	739	24387	4	8	3	1056
香樟城市花园	4200	8200	1.25	0.43	十三	270000	216000	6	391	46920	2	4	20	960
香樟城市花园	4200	8200	1.25	0.43	十三	270000	216000	9	1150	186300	2	4	18	5184
香樟城市花园	4200	8200	1.25	0.43	十三	270000	216000	17	292	14892	1	3	3	153
天和苑	1122	6700	3.40	0.34	十三	160000	46809	11	495	54450	2	6	10	1320
天和苑	1122	6700	3.40	0.34	十三	160000	46809	17	601	51085	3	6	5	1530
天和苑	1122	6700	3.40	0.00	十三	160000	46809	11	922	10142	4	8	1	352
荣域	3315	4700	1.80	0.37	十八	350000	173420	26	558	29016	1	4	2	208
荣域	3315	4700	1.80	0.37	十八	350000	173420	6	442	326523	3	6	10	1080

居住功能区指标标准化

功能区	名称	综合容积率	建筑密度	人口密度	绿地率	房价地价比	生活服务设施完备度	基础设施完备度
芜湖市居住功能区	现代小区	0.8563	0.8809	0.0912	0.3020	0.2595	0.3333	0.3330
	天香苑	1.0000	0.2162	0.8529	0.3461	0.1654	0.3330	0.3330
	赭园小区	0.0000	1.0000	0.3780	0.5844	0.0000	0.0000	0.3330
淮北市居住功能区	翡翠岛	0.4000	0.3031	0.5015	0.4063	0.2824	0.3333	0.3330
	梅苑社区	0.1188	0.3574	0.9384	0.3405	0.2697	0.0000	0.0000
	温哥华城	0.4500	0.6478	0.0016	0.6280	0.5038	0.6667	0.6670
黄山市居住功能区	桃花岛	0.2813	0.0000	0.6321	0.0000	0.8168	0.6670	0.3330
	幸福家园	0.2250	0.1675	1.0000	0.5479	0.5573	0.3330	0.3330
	梧桐苑	0.3500	0.4125	0.0000	1.0000	1.0000	1.0000	1.0000

教育功能区调研数据（部分）

序号	名　　称	用途	层数	建筑面积（m²）	土地面积（m²）
1	安徽工程大学机电学院	教学楼	5	10468	2093.64
2	安徽工程大学机电学院	教学楼	5	5507	1101.36
3	安徽工程大学机电学院	教学楼	5	3142	628.43
4	安徽工程大学机电学院	教学楼	5	6330	1266.07
5	淮北师范大学	教师公寓	19	1106	58.19
6	淮北师范大学	生活服务中心	3	1059	353.08
7	淮北师范大学	教学楼	5	1295	258.94
8	淮北师范大学	教学楼	5	609	121.73
9	淮北师范大学	教学楼	5	583	116.51
10	淮北师范大学	教学楼	5	2210	442.08
11	淮北师范大学	学生宿舍	6	592	98.73
12	淮北师范大学	学生宿舍	6	790	131.63
13	淮北师范大学	学生宿舍	6	621	103.54
14	淮北师范大学	学生宿舍	6	647	107.79

续　表

序号	名　称	用途	层数	建筑面积（m²）	土地面积（m²）
15	淮北师范大学	学生宿舍	6	640	106.73
16	黄山学院北校区	学生宿舍	5	2378	475.61
17	黄山学院北校区	学生宿舍	5	3464	692.77
18	黄山学院北校区	教学楼	4	2318	579.55
19	黄山学院北校区	教学楼	2	377	188.57
20	安徽机电职业技术学院	教学楼	6	13237	2206.18
21	安徽机电职业技术学院	教学楼	6	10224	1703.93

教育功能区指标标准化

教育功能区	教学科研设施用地率	生活服务设施用地率	综合容积率	建筑密度	单位用地服务学生数（人/hm²）	基础设施完备度	绿地率	地均教育经费投入（万元/hm²）
芜湖教育功能区	0.9943	0.2173	0.4945	0.3422	1.0000	0.9943	0.2173	0.4945
安徽师范大学北校区	0.5858	1.0000	1.0000	0.6033	0.5032	0.5858	1.0000	1.0000
淮北师范大学	1.0000	0.8852	0.6044	1.0000	0.5350	1.0000	0.8852	0.6044
黄山学院南校区	0.5317	0.0000	0.0000	0.0000	0.1338	0.5317	0.0000	0.0000
黄山学院北校区	0.0000	0.5403	0.3297	0.3887	0.0000	0.0000	0.5403	0.3297

图书在版编目(CIP)数据

安徽省典型城市不同功能用地集约利用评价及空间分异研究 / 孙燕著. —南京：南京大学出版社，2016.4
 ISBN 978 - 7 - 305 - 16689 - 1

Ⅰ.①安… Ⅱ.①孙… Ⅲ.①城市土地—土地利用—研究—安徽省 Ⅳ.①F299.275.4

中国版本图书馆 CIP 数据核字(2016)第 073213 号

出 版 者	南京大学出版社		
社 　址	南京市汉口路 22 号	邮 编	210093
出 版 人	金鑫荣		

书　　名	**安徽省典型城市不同功能用地集约利用评价及空间分异研究**		
著　　者	孙　燕		
责任编辑	田　甜　荣卫红	编辑热线	025 - 83593947
照　　排	南京紫藤制版印务中心		
印　　刷	江苏凤凰通达印刷有限公司		
开　　本	787×960　1/16　印张 11　字数 174 千		
版　　次	2016 年 4 月第 1 版　2016 年 4 月第 1 次印刷		
ISBN	978 - 7 - 305 - 16689 - 1		
定　　价	28.00 元		

网　　址：http://www.njupco.com
官方微博：http://weibo.com/njupco
官方微信：njupress
销售咨询热线：(025)83594756

* 版权所有，侵权必究
* 凡购买南大版图书，如有印装质量问题，请与所购
　 图书销售部门联系调换

2